# 教育観の転換

## —よき仕事人を育てる—

三好信浩　著

風間書房

# まえがき

一冊の学術書を刊行するからには、それを実現して下さる出版社のご苦労を考えると、筆者としても、少しでも多くの方に読んで貰いたいという願望を筆にするということはせめてもの償いになる、という思いから、いささか唐突なこのまえがきを記すことにする。

筆者のアピールしたいことは、ただ一点にある。

それは、第二次大戦後の日本で、通説とされている「教育観」に転換を求めることである。

戦後の日本の教育界では、「平等」とか「権利」とかいう、いわば「神話」に近い信条が常識となっている。すべての国民は、できるだけ長期にわたって平等の教育を受ける権利があるという教育観がそれである。その結果、戦後日本人の就学率は飛躍的に上昇した。今や、高等学校は全入時代となり、大学進学率は五〇%を越えるという、世界的に見ても異例の状況である。

しかし、その光の面には、由々しい影が生まれた。義務教育の小・中学生の二五万人が登校拒否を起こし、高等学校や大学に入学しても退学する者と、卒業しても就職しない者は三割を越えている。一旦就職しても、「三年目の危機」と称されるように職を転じる者の数は年々増加の一途を辿っている。上級学校を卒業しても改めて私費を投じて専修学校（専門学校）に再進学する者は、全体の四割を占めるという状況を招来している。

なぜそのような事態になったのか。学校が面白くなく役に立たないからである。学校での平等の教育は、普通教科の学力形成が中心にならざるを得ないため、学校は学力競争の舞台になる。試験や入試に強い人はそれでよいが、そうでない者も多くいるはずである。経済的に余裕があれば、塾に通って学力を補うこともできるが、現実には教育格差は厳然としていて、むしろ深刻の度合いを強めている。

平等の教育ならば、教育のシステムは、単線化し一元化することが理想となる。戦後の教育システムは、江戸期民衆の自修自営の思想も、戦前期に盛況と成果を収めた実業教育の思想も、不平等をもたらすものとして排除した。その結果、ＯＥＣＤ（経済協力開発機構）の指摘を待つまでもなく、日本の学校教育は、職業教育において大きく遅れをとることになった。

これまでの筆者は、産業教育の分野から日本の教育を考えることにした。その当時の日本の教育界は、産業界ときびしく対決し、産業界の要請をことごとく拒否してきた。このことは世界にも例のない異常事態であると感じ、教育界と産業界をつなぐ橋を架けることが必要であると考えた。当然のこととはいえ、筆者の研究は、教育界の主流派から異端視された。産業主義に傾けば、教育の自由と自主性が失われるとされたのである。

実証性を高めたいとの思いから筆者は長い間歴史研究を積み重ねてきた結果、日本人は、衣食住を得るために産業人として生きてきた歴史の中に、独自な、捨て難い思想を蓄えてきたという事実があり、戦前の学校教育はそのことを受けとめ、大切にしてきたという事実のあることが判明した。その研究から得られた筆者の結論は、ごく簡単なものであって、今日の教育観に転換を迫ることになる。その結論は、新奇なものではなく、昔から言われたことであって、人間教育の最後の到達点は、「仕事」の中にある、ということである。

現今の教育、特に学校教育では、「学力」とか「学歴」とか「知力」とか「科学技術力」とか、果ては、「教養」とか「人格」とかが目標とされているが、それらの諸力は、ひとかたまりとなって「仕事」の中で開花し、一人一人の「個性」となり、「生き甲斐」となる。仕事こそが、人間の学習の到達すべき花園である。

大学の研究室で新しい発見をする科学者も町工場で創意工夫して新しい部品を作る職工も、仕事における満足度にちがいはなく、上下の関係ではない。仕事に生きた人間は、仕事力に加えて、自尊心が生まれ、それぞれに特色のある教養と品格の外皮が身につき、社会からも尊敬される。産業人も医療人も法曹人も教職人も、その他大勢の職業人も、仕事の中で自己の個性を発揮することができるのであれば、教育の究極の目標は、「よき仕事人を育てる」ことである、と思い至ったのである。

筆者は、「まえがき」でこのような独断的な言辞を弄したのは初めてのことであるが、齢を重ねて筆者のモノ書き人生の〆《しめ》になるのではないかという思いからのことゆえ、ご海容願いたい。羊頭苦肉のそしりを受けることのないよう、あるだけの知恵をしぼり、できるだけ平易な言葉で、読者各位に訴えてみたいと思う。

# 目次

# 本論　教育の真義

東山魁夷　風渡る丘　吉野石膏コレクション

# 序　章　教育とは何か

## 1　「教育」という言葉

まず、自己紹介から始める。筆者は教育学部に入学し、国立・公立・私立の大学において、教育学について研究し、講義をしてきた。我が長い人生において、最も多く口にし、筆にしてきた言葉は、教育という二文字であった。

教育学の世界では、教職につく若者のためにおびただしい数のテキストが作られている。その多くは、冒頭に「教育の意義」について書くことが慣行となっている。ある者は、古代ギリシャまで遡って、教育学（pedagogy）の語源とされる「パイディア（paideia）」から説き起こし、ある者は、近代教育学の鼻祖であるペスタロッチの「陶冶（Bildung）」の概念を重視して、基礎陶冶、道徳陶冶、職業陶冶の三方向から論を進め、ある者は、戦後の日本に多大の影響を与えたデューイの教育論を紹介し、ある者は、その後の欧米で理論構築されつつあるキャリア教育などの学習論に注目している。

教育学には、もともと独自の研究方法論がないため、哲学や歴史学や社会学などの方法論を借用してきた。教育は、人間を人間にする営みであるため、人間についての省察は欠かせないが、それは哲学や心理学などにも共通する課題である。「教育基本法」の目ざす「人格の完成」のごときも、人格の概念は、哲学と心理学ではその意味はちがっている。哲学の盛んな国ドイツでは、それらの方法論を学びつつ人間について深い省察を加え、例えば文化教育学のシュプランガーなどにより教育哲学が構築され、戦前の日本に大きな影響を与えた。

日本において、教育という言葉が公式に使われたのは一八七九（明治一二）年の「教育令」においてであった。しかし、すでに江戸時代にもその用語例はある。周知のように『孟子』の中には、「孟子曰。君子有㆓三楽㆒」として、その第三に「得㆓天下英才㆒而教育、之三楽也」とあり、豊後国で咸宜園と称する漢学塾を開いた広瀬淡窓は、「門弟教育」「門人教育」「弟子教育」など、教育という言葉を使っている（鈴木理恵『咸宜園教育の展開』広島大学出版会、二〇二一年）。しかし、教育についての公式の定義は、今日に至るまで見当らない。「教育基本法」にも「学校教育法」にもその定義はない。定義のないままに、その研究をし、その職務に従事していることはまことに奇妙である。

たまたま岩波講座の『現代の教育』全一三巻を見ていたら、最初の配本は第一巻とせずに第〇巻としていた。三遊亭円楽、谷川俊太郎、日野原重明、山田洋次といった三一名の著名人が教育について語っているが、その考え方は多様であってそれを一つにまとめることが困難と解した編集者が、あえて書名を決めずに第〇巻とした、その洒脱さに感心したけれども、教育の定義はそれほど難しいことを物語っている。特定の書名にすることを困難と感じた苦悩のあらわれかも知れない。

教育という言葉に疑問を感じた識者は少なくない。最も衝撃を覚えたのは、労働行政の中から出た田中萬年《かずとし》の歯に衣を着せぬ大胆な発言である。氏の多数の著書の中でも、二〇〇七年に刊行した『「教育」という過ち』（批評社）は、明治の初年に〝education〟の原義を理解せずに教育という訳語をあてたことが過ちの発端であると言う。氏は、職業能力開発総合大学校の名誉教授で、日本産業教育学会の会長をつとめた斯界の権威である。本書では折々氏の所説を引用することになる。

教育学の内部からも教育に批判的な人物が出た。教育学研究者の集まる日本最大の日本教育学会の会長をつとめた二人の人物が注目される。一人は、民間教育運動から入り東京大学教授となった大田堯《たかし》であって、『大田堯自選集成』（全五巻、藤原書店）の第一巻に『教育とは何かを問いつづけて』と題する一冊を含み入れている。もう一人は、デューイ研究から入り東京大学教授となった佐藤学であって、教育の理想像は、戦後民主主義の平等の原則にあったが、その後の産業主義や官僚主義によって空洞化され、学校教育はその方向性を喪失していると説く。ただし、戦後の教育改革をめぐっては上記田中氏と見解を異にする。

田中氏によれば、戦後にも本当の教育は実現しなかった。その最大の理由は、「日本国憲法」の定める教育の「権利」をめぐる概念の誤解に起因していると言う。「世界人権宣言」では、「教育への権利（Everyone has the right to education）」となっていたのを、日本では「教育を受ける権利」とした。教育を受ける、となれば、教育を与える別の主体（国家や教師など）が存在していて、その結果として国民の自発的学習や個性の発揮が軽視されることになる、というのが氏の主張である。教育を受ける権利論は、戦後日本の教育論の中核概念となった。

今日の日本では、「教育改革」とか「教育再生」とかは常套語となっている。例えば、いじめとか不登校などの教育問題が起こると、政治家や評論家などから教育改革が叫ばれる。しかし、教育とは何か、について深い省察がないと次々と生じる問題への対処法に終わることがある。あるいは、進歩的とか良心的とかを自認する教育関係者の中には、敗戦直後の教育改革を復元することを主張する者もいる。しかし、本当にあの一時期の教育はそれ程理想的なものであったかを検証する必要がある。

教育学という学問の宿命から、教育という言葉のもつ多義性を認めざるを得ない。人ごとにその経験は多様であり、人ごとにその意味内容を異にする。筆者は、初めて教育学を学ぶ学生に対して、「教育は人間を相手にする営みであるゆえに、その学問は複雑で深淵で、時には難解であるけれども、その深みのあることを意識して慎重にその業に従事する必要があることだけは分かって欲しい」と説くこと以上のことはできなかった。

## 2　よき仕事人を育てる

筆者は、教育という言葉を捨てない。二つの理由からである。その一は、日本人の使った言葉は日本人の文化遺産だからである。その言葉が差別用語でない限り、できるだけ生かしたいと思う。この点で、日本の実業界の大御所渋沢栄一に教えられることが多い。

一九二二（大正一一）年に言論界の三宅雪嶺が『実業』と題する雑誌に「実業の実とは何の意味乎」と問いかけたのを受けて、「全く博士の言はれた如く、字義の点より言へば実業と言ふ言葉程訳の分からぬものはない」と言いつつも、「其言葉の含んで居る意味から言へば、農工商の事業に実際従事して居る人を指して言ふたので、所謂生産殖利の経営を指して実業と言ひ、其経営者を実業家と呼んだ」と、彼なりの解釈をした（『龍門雑誌』第四一四号、一九二二年）。あるいは「勉強」という言葉にも疑問を抱きながらも、「勉強に就ては間断なく、根気よく、撓まずにやると云ふことが必要である」と自分に言い聞かせた（同上、第四七三号、一九二八年）。もともとは、『中庸』に出てくるこの言葉を、明治のはじめに中村正直がスマイルズの *Self Help* を『西国立志編』の書名で訳出したとき、〝industry〟の訳語にこの言葉を使ったのがはじまりであって、試験のために適用されていたのを、渋沢は独自に意味づけて実業家の自修自営のすすめとした。

言葉については筆者にも思い出がある。国立大学を定年退職したあと、数年間私立の女子大学に勤務していたときのことである。そのとき、学科の名称変更が議論され、小児科の医師で「子ども学」なるものを提唱していた著名な教授の発言を関係者が支持した。子ども学科と改称したら志願者も増えるであろうという思惑もあった。しかし、筆者は迷った。日本にはすでに幼児教育学と称する学科があり、筆者の勤務していた国立大学にはその学科があって、心理学・小児学・教育学を専攻する三人の教授が協力して、多数の卒業生を送り出すという実績を積んでいた。幼児を子どもに変えることは目先の変化にすぎぬのではないか、と考えたからである。明治のはじめから日本に定着している幼稚園の名称も子ども園に変えなければならないのか、日本人の使った言葉は、新しい意味づけをして守るという、渋沢の見識に敬意を表する。日本には、日本人が考え実践してきた教育の歴史がある。それが不当ならばその是正は必要であるけれども、たとえ呼称に問題があったとしても、日本人の実践の歴史を尊重する、これが教育という言葉を捨てない第二の理由である。

筆者の専攻する教育学は、決して強力な学問ではない。日本学士院でも日本学術会議でも無視されるか片隅に置かれるかしている。しかし、一旦この世界に足を踏み入れた以上、その学問を発展させるための一臂の努力をなすべきだと考えてきた。そこで筆者にできることは、学としてのテリトリーとアプローチに独自色を出すことであった。

テリトリーとして考えたことは、渋沢の言う農・工・商の実業教育である。それは、人間の「生業」にかかわる重要な教育である。戦後になると実業教育は、教育の不平等な二元的教育体系であると批判され、一九五一（昭和二六）年の「産業教育振興法」によって産業教育と改められた。筆者は、この法律は戦後日本の教育に期を画する重要性をもつと考えてきた。

しかし、現実にはこの法律の精神は生かされず、教育を受ける権利論の当然の帰決として、できるだけ長期の、できるだけ平等の教育が理想とされ、普通教育や教養教育への志向が高まった。この点については、田中氏の主張は核心をついている。氏によれば、受ける教育では、個性が無視され、横並びの人間観が形成されて、「職業・労働を忌避する教育観が醸成される」からである（『奇妙な日本語「教育を受ける権利」誕生・信奉と問題』ブイツーソリューション、二〇二〇年）。

日本教育学会の『教育学研究』のバックナンバーを調べてみても、戦後の一時期には、ソビエトのポリテクニズム（総合技術教育）に影響された論説も散見されるが、近年は労働や職業の教育に関係するものはその影をひそめた。ペスタロッチは、産業革命の進行しつつあるスイスにおいて貧しい子どもの職業陶冶論を考えたことに思いを至すならば、教育学は職業教育の分野にまで拡張する必要があると思う。その職業の中で産業人の教育をテリトリーにしてみたいと考えた次第である。

アプローチとしては、日本教育史研究の手法を用いる。日本の教育学研究では、戦前期にはドイツの著名な教育学者の学説を紹介する教育哲学の方法が有力であったし、戦後期には、特に近年にアメリカ流の教育社会学の方法が重用されている。教育哲学は、教育の営為を深く理解するために必要であるけれども、そこで提示される理論や言説には難解の面もあり、現場の教師には理解しがたいという弊害もあって、講壇教育学と評する人もいる。一方、教育社会学は教育事象の実態を細密に調査して問題点の提示には力を発揮するけれども、その問題の解決策にまでは進みにくいことがあり、評論教育学と評されることもある。

筆者の目ざす歴史研究とは、比較教育史の視座を取り込みつつ、世界の中での日本人の教育実践の足跡を検証し、その中から日本人の考えた思想を探り出すことにある。日本人は農・工・商の産業に従事してきた長い歴史を有している。その中で考え、工夫して生み出した方法や習慣や、さらには組織や制度を持っているはずである。その実践の中で思索したエキスを搾り出せば、日本人の産業教育の理論を抽出できるのではないかと考える。

再び自己紹介となる。筆者は、このテリトリーとアプローチを心に決めて七〇年近く研究を続けてきたつもりであるが、その経緯は大きく分けて次の四段階になる。

第一段階は、イギリス公教育の起源をめぐって、学位論文をまとめて刊行したことである。当時、日本の教育界では、教育に対する国家の関与をめぐって熾烈な論争が繰り広げられていた。筆者は、イギリスでは、産業革命期に産まれた貧困児童に対して国家が救貧法や工場法を定め、ワークハウスでの技術教育を開始したのが公教育の起源となったので、国の関与を否定すべきではなく、その関与の形式を問題にすべきだと主張した。公教育は産業社会の変容を抜きにして考えられないことをこのとき認識した。

第二段階は、日本とイギリスの教育交流史の研究に転じ、近代日本の最初の工業教育機関である工部大学校を創始したヘンリー・ダイアー（Henry Dyer）を取り上げた。日本でもイギリスでも忘れ去られていた人物であったので、グラスゴーでの資料調査をもとにして二冊の邦文紹介書と、伝記と著作集全五巻をイギリスから出版した。この研究によって、日本とイギリスのエンジニア教育の類似点と差異点を明らかにしたつもりである。

第三段階は、工業だけでなく、農業と商業を含む日本の産業教育史へ拡張したいと考えて、日本人の産業に関する教育の営為を総合的に調査して、産業教育史研究全一三冊を刊行した。そのため、全国に足を伸ばし資料調査をなし、特に国会図書館に所蔵される江戸期から近現代にわたる雑誌や図書の調査や国立公文書館に所蔵される学校関係の簿書類を調べることに力を注いだ。

第四段階は、戦後の教育史と教育の現況を視座に入れつつ、最終目標である産業教育学に接近するための二冊の著書を執筆した。その一冊は、産業教育学のプレリュードとして『日本の産業教育—歴史からの展望』を名古屋大学出版会から出し、二冊目は、勇を鼓して『産業教育学—産業界と教育界の架け橋』を風間書房から出版した。

以上は、半世紀以上に及ぶ筆者のささやかな仕事の来歴であるが、その間いつも筆者の脳裏にあったことは、「教育とは何か」という問いに答を見つけたいという一念であった。人間の生存の基礎である産業教育から考えれば、人の見えないものが見えるのではないかというほのかな期待はあったものの、今日までの筆者の到達点は意外と平凡なものである。それは、教育とは、「よき仕事人を育てる」という一語に尽きる。この一語の中には、教育界で大切な目標とされてきた、「人格」とか、「教養」とか、「道徳」とか、「学力」とか、「創造力」とか、「実践力」などの諸概念を包み込める気がする。しかも、産業だけでなく、人間の営むあらゆる職業の教育にまで拡張して適合するのではないかと考える。

本書は、これまで余り聞いたことのない教育の定義づけに、「よき仕事人を育てる」という意想外の結論を出したことについて、そのことを証拠立てるために書き下ろした小著である。

# 第一章　江戸期仕事人の自修自営

## 1　「一人前」という願望

江戸期は、戦乱の時代が終わり、二六〇年にわたる平穏な時代に入り、サムライの支配する封建社会ではあったが、農・工・商の庶民も生気にみちた生活を送ることができた。この時代の民衆は、苛酷な収奪に苦しみながらも、サムライとはちがった生活文化を生み出した。彼らは生きるための仕事をする中で仕事に対して彼らなりの独自な考え方をした。それを哲学と称するには余りに曖昧模糊とした考え方ではあったが、その後の日本人に継承される遺産となった。広い意味での民衆の生活哲学と称することができるであろう。

江戸期民衆の生活哲学の中で注目したいのは、「一人前」という願望であろうと思う。それは江戸期の農・工・商の庶民が誰しも願い、かつそのための努力をした、共通の実践哲学と言えよう。その背景には、古代中国に生まれた「恒産恒心」の思想があった。例えば『孟子』の中には、「則無恒産、因無恒心」とあって、人間として安定した心を保つには一定の生業により生活の収入を得ることが重要であるという考え方である。為政者が施策として奨励しただけではなく、民衆もまた生活のためにそのことの必要性を認めた。「恒産無き者は恒心無し」とか「衣食足りて礼節を知る」といった言葉は誰しも異存のないものとなった。

民衆が恒産、恒業を得るために、一人前という言葉が使われた。一人前の第一歩は、読・書・算の基礎学力を身につけることである。西洋でも3R'sと称されて重視されたが、江戸期の日本の民衆の3R'sは世界のトップレベルにあったという研究成果が発表されている。読・書・算によって、人間は、タテとヨコの連帯が可能になり社会人としての生活ができるようになる。民衆は寺子屋と称された民間の私塾に束脩《そくしゅう》と称する謝金を払って手習いをした。自己負担の自発の学習行為が慣行化したのである。

3R'sにつぐのは、仕事の学習であって、そこで一人前と認められるようになる。わずかにせよ、生活の資を得て自立できるようになるからである。その年齢や基準は明確でなく、職種によるちがいもあった。自分がそのことを感じ、周りがそのことを認めることによって一人前の自覚が生まれた。

民衆の仕事は、大別して農・工・商に三分されていた。そのうちの八五%を占めるのは農民であって、米づかいの幕藩体制の中で最も重視された。農民の生活で一人前と認められるためには作業能力が分かりやすい目安となった。男子の場合一日五畝（約九アール）以上の田打ちとか、一俵（約六〇キロ）の米俵を背負えるかといった目に見える基準があり、加えて村落社会の構成員としての協調心なども評価された。男子はおよそ一五歳ごろ、女子はおよそ一三歳ごろが一人前とされたので、現代に比べるとかなり早い。

商人と職人は、まとめて町人と呼ばれたが、彼らもまた一人前を目ざした。農村社会ほど明確ではなかったが、それぞれに慣習的な基準があった。商人では、算盤で帳簿をつけ、商売のかけ引きなどを覚えて、自力で利益を稼げるようになれば立派な一人前であった。職人は、親方のもとで数年間無償の年季奉公をしたあと、人に雇われるか独立するかして報酬を手にすることができるようになれば一人前として認められた。
職種によってちがいはあるものの、自分で稼いで自分の口を養うことができることが第一の要件である。働いて収入がふえ、妻をめとり、子どもを生み育てることができるようになれば立派な仕事人であり、さらに年齢を重ねて実績を積めば、成功的仕事人として尊敬され、次世代の若者を育てる役割を担うという循環的人づくりの中に身を置くことになる。
日本の民衆が、一人前という強い願望を抱いたことが、すべての原点となる。その願望を叶えるために親や同業者が協力することになり、そこに原初的な教育営為が発生する。もちろん、若者の自学自修が基本であるが、江戸期の日本では、それを支援する体制が自然発生的に生まれた。有形、無形の、意図的、無意図的な教育が行われるようになるからである。そのメカニズムは、以下の三節で農・工・商の三業の仕事人に分けて概述することとする。それに先立ち、江戸の後期に、宮負定雄の一人前について記した言説を引用しておく。宮負は、平田篤胤の門下生で国学系の農学者であって、その著『民家要術』(一八三一年)の中で次のように言う。彼は親の果たすべき教育的役割を重視する。

「百姓の子には、第一種芸をよく習はせ、稚き時より縄を紛《な》はせ、草履鞋を作り習はせ、凡農具の製方を教へ、一六〜七歳になっては何国へ押出しては農人一人前に通用するやうに習はせ、又商人の子は、算術で帳面のしらべ、商の掛引きを能く教ゆるが、親たる者の持前なり」。

現代の日本では、江戸期の民衆が大切にした一人前という願望が希薄になっているのではないかと憂慮する。「一身独立して一国独立す」とは福沢諭吉の名言である。自立、独立ということは人間にとって最大の哲学であって、何をどのように学び修めるかという方針や意欲が生まれる。そのことを江戸期民衆の生き相《すがた》の中から確かめてみたいと思う。

## 2　農業の仕事人

農民が一人前になるためには、当人の願望を周囲の人たちが支援することが必要である。農業人の世界では、四種の人たちが助っ人《すけっと》となった。第一の、最も重要な助っ人は、宮負定雄の言うように親であった。第二は、老農と呼ばれる篤農家であり、第三は、同輩や先輩などの同業者であり、第四は、村役と呼ばれる農村の指導者である。

親は、子どもに対してイエの中で、あるいは農業の現場において、日常的に自分の経験し工夫した方法や技術を伝えた。何枚かの田畑を所有していれば、取水や採光や施肥など一枚ごとにちがいがあるはずである。そこで代々伝わる農事暦が貴重になる。

時には文書に残すこともある。「農事遺書」と称されるものがそれである。親が、先祖から伝えられたり、自分で創意工夫してきたことを、細密に、具体的に記したものが多い。これを私家伝承型農書と称し、その数は多い。例えば、加賀藩の豪農で村役人をつとめた宮永正運が書き残した『私家農業談』(一七八九年)では、その末尾に「一ツにハ我家族をして益農業にくわしからしめ、二ツにハなからん跡に子孫の形見にもなれかし」と記している。「土地の心得」とか、「農家の心得」など農術だけでなく日常生活にわたる教訓を全六巻の稿本にまとめているが、写本としても広められた。

イエだけでなく、ムラでも教育的な営みがあって、若者の自立を助けた。少し人口の集まったムラにはマチと同じような寺子屋があって、五、六歳ごろから読み書きの教育がなされた。そこでは、江戸期に広範に普及した往来物と称するテキストが使われた。農業系の往来本は、最初はムラ役人や上層農民を対象とする『農業往来』から始まるが、時代が下ると、大坂に生まれて人気を博した『商売往来』にあやかった『百姓往来』が普及した。その内容は、一般農民の生活や生産に必要な語彙を集めて読みやすいように、また大きな字体で書きやすいように工夫したものである。巻首や頭書欄には諸種の用字や理解を助けるための絵図を入れたものもある。

ムラの公的行政組織として五人組が編成され、年貢の取り立て、一揆の防止、公共事業、治安維持などに役立てられた。そのための『五人組帳前書』は寺子屋の教材の一つにされたし、ムラ役人によって農民に読み聞かせて暗記させたりした。ムラではまた若者組が奨励されて、若衆宿や娘宿での共同生活によってムラの一員となるための通過儀礼を経験させた。

農民は、見る、聞く、読む、行動する、体験する、といった方法で一人前の百姓に成長した。農業の世界には、これら一般農民のほかに農業の仕事人として指導的役割を果たす上層の農民が存在した。彼らは、多数の農書を執筆し、啓蒙的役割を果たした。江戸期は農書の時代とも呼ばれる。農文協（農山漁村文化協会）では、二二年の歳月をかけて、江戸期農書を蒐集して七二巻の『日本農書全集』を刊行した。その中には、二人の注目したい執筆者がいた。

一人は、筑前国黒田藩士の宮崎安貞であって、明の徐光啓の『農政全書』を参考にしつつ自らの見聞や実験を入れ込み、日本最初の本格的農書である『農業全書』（一六九七年）を出板（板木刷り）した。農業には、「術」と「理」のあることを説き、日本の農書はこの水準にまで到達していたことを証拠づけた。

もう一人は、宮崎のような上層農民ではなく、中層、下層の農民を対象にした平易な農書を多数執筆した大蔵永常である。豊後国日田の百姓の家に生まれ、全国を歴遊して、各地のすぐれた農業技術の情報を紹介した。主要な著作物だけでも二九件を数え、「江戸時代唯一の農業ジャーナリスト」と称されている。多くは、農民に「利」をもたらすことを目的にし、農作物の栽培や採集から、商品化するための加工、さらには販売に至るまでの広角的な視野から、今日でいう六次産業化をきざす農書である。大蔵については、後に補論で改めて紹介することとする。

農業の仕事人は、上層であろうと下層であろうと、農書を読み、人の話を聞き、自ら実践して、農業の「こころ」と「わざ」を我がものにした。下野国の名主田村吉茂の著わした農書は、『農業自得』（一八四一年）と題号している。この「自得」こそ、江戸期農業の仕事人の生活哲学であった。

## 3　工業の仕事人

工業の仕事人を江戸期では職人と称した。職人は、農民や商人に比べて職種の幅は広く専門化が進んでいた。ちなみに、遠藤元男の『日本の職人』（一九六五年）を見れば、その職種は、繊維、製紙、製薬、製油、醸造、陶磁器、漆器、金属、建築など多岐にわたり、その中の金工だけ取り出しても、鍛冶師、鋳物師、刀鍛冶師、銀細工師、金彫師、仏具師、砥師など二一の職種に分けられた。その数が多いだけでなく、技術の程度も多様であった。下は民衆の生活用品から、上は上流社会の嗜好する美術工芸品に至るまで、職人の仕事の幅は大きく広がっていた。

職人が一人前になるためには、三つの手法があった。

その一は、親の手伝いをしながら家業を修得する方法で、日用の生活品を製造する職人にその例は多い。大工、左官、石工、鍛冶屋、傘屋、籠屋など、筆者が少年時代まで周りにその職人がいて生計を立てていた。小学唱歌に「村の鍛冶屋」の歌もあった。それらの職人は親から子へと技術を引き継ぎ、村人の頼りにされていた。

親の手に余る場合とか、職種を変更する場合とかには、熟達した職人に頼み、七年間ぐらいの無給の徒弟奉公をした。はじめは、掃除とか道具の手入れなど親方の手伝いをしながら、親方の技術を学んだ。その間、親方は教えることには消極的で、弟子に自ら学びとる方法をとるのが普通であった。さらに高度な技となれば、親方にも教えきれない限界があったため、弟子が自ら学び自ら工夫するしかなかった。

その一例がカラクリ儀右衛門こと田中久重である。筑後国久留米のベッコウ細工師の家に生まれ、幼少のころから小刀を使った細工物の製作に余念がなく、カラクリ人形師として有名になった。田中は年季奉公には出なかったけれども、各地の職人や知識人の教えを受けて、次々と新しい工夫をこらした道具を作り、やがては蘭書の絵図を参考に、鋳砲や蒸気船などの機械職人となった。仕事人としての田中の人生についても後述する。

幕末になると、欧米の軍事力の圧力に対抗するため、幕府や雄藩は、大砲製造に必要な熔鉄技術の開発を進め反射炉を築造したり、さらには蒸気船の製造のための機械技術の導入に着手した。軍事技術の近代化に先駆的役割を果たした佐賀藩では、藩士を長崎に派遣しオランダの軍艦を見学するだけでなく技術開発の伝習を受けた。いっぽう、藩内には「製煉方」や「火術方」と称する研究開発機関を設け、田中久重父子のような藩外の人材も参加させた。

佐賀と並ぶ開明的な雄藩薩摩藩では、おくれを取り戻すため一七名の藩内人士をイギリスに留学させるとともに、集成館と称する一大コンビナートを建設した。そこでは、反射炉や造船の技術だけではなく殖産興業関係の品目にまで製造の範囲を広げた。藩営工場の場合、技術開発には三層の人材が関係していた。水戸藩を例にとると、上層には藩の重役、中層には藩出身の技術者、下層には在来の職人が配置された。その職人は、大工、陶器師、左官、元山、石切、鍛冶職、鋳物師などであった。水戸藩が、薩摩藩に送り反射炉の技術を学ばせたのは、藩内の宮大工であって、彼はオランダ渡来の原図を書写することを許された。

幕府や雄藩の新技術の開発には二層の技術陣が実力を発揮したことに注目すべきである。中層の技術陣の主体はサムライであって、その中には蘭学を修めた者も多い。もともと西洋医術を学ぶために始めた蘭書和解《わげ》の実力が軍事技術へ転換したのである。佐賀県の蘭学寮で学んだサムライたちは、長崎海軍伝習に派遣されることによって、中牟田倉之助のような海軍軍事士官に変身した。維新後にかつてのサムライが工業分野に進出してサムライエンジニアが誕生することについては後に述べる。

それとともに重要なことは、下層に位置づけられていた職人が期待にこたえる役割を果したことである。水戸藩から薩摩藩に派遣された宮大工のことは先述したが、その例はほかにも多い。『島津斉彬公』（一九三三年）には、集成館では、一日に千二百余名の職工や人足が動員されたと記されている。長州藩が萩に造船所を設けた際には、下田港で遭難したロシア船の修復に携わった現地の船大工三人を雇い入れている。幕末期にフランスと交渉して横須賀製鉄所の建設に力を尽した幕府の目付栗本鋤雲の記した『箱館叢記』には、鋳掛師、木工、船大工の三人の職人の活躍が記されていて、「真に箱館三絶」と評している。江戸期の職人の技術はこの水準にまで到達していたわけで、そのことが維新後の日本が工業立国として成功する底力となったと考えられる。

## 4　商業の仕事人

尊農蔑商、貴穀賤金の封建思想が支配する江戸期の日本では、商業の仕事人は、農・工の仕事人と同じように、否それ以上にたくましく生きた。彼らは、「米遣《こめつか》い」の自然経済を変えて商品の流通する貨幣経済に転換させる実力を持っていた。商人の世界には新しい商人像が生まれ、商人の世界は活気あるものに変わりつつあった。そのことに寄与した二人の人物に注目してみたい。

その一人は、井原西鶴であって、大坂の富裕な町家に生まれたが、家業は手代にまかせて町人文学の開祖となった。初めは談林俳諧の道に足を踏み入れたが、その後、『日本永代蔵』（一六八八年）や『世間胸算用』（一六九二年）などで、新興する商人の世界を活写した。彼は、呉服商として江戸で財をなした三井高利のような商人の「知恵才覚」をたたえた。西鶴の言う「才覚」とは、「商売に油断なく、弁舌手だれ、知恵、才覚、算用たけて、わる銀《がね》つかまず」（『世間胸算用』）といった総合的な才能であった。

もう一人は、丹波国に生まれ京都の商家に奉公した石田梅岩である。彼は、自身の体験をもとに思索を重ねて『都鄙問答』（一七三九年）を著わし、商人の実践哲学を大成した。士農工商の四民にはそれぞれの職分があり、商人については、「天下万民産業ナクシテ何ヲ以テ立ツベキヤ。商人ノ買利モ天下御免《おんゆる》シノ禄ナリ」（『都鄙問答』）と記し、サムライの俸禄と同一であると言い放った。石田の教えは、門人たちによって石門心学と称する社会教化の一大運動となった。

商人に対するこのような発想の転換は、それを支援する世論の変化を促した。そのことを例証するために、江戸期の出板界に注目してみよう。大きく見ると、その一は、商人に対する教訓書であり、その二は、石門心学派による平易な啓蒙書であり、その三は、幼童を対象とする手習いのテキストとしての『商売往来』の普及である。

第一の教訓書は、農業の世界に比べればその数は少ないけれども、家業の守成を願う親が子に書き与えるものが多いことは農業と共通する。例えば、長崎の町人学者西川如見の著わした『町人嚢《ふくろ》』（一七一九年）は町人としての心得を説いている。同じく享保年間に出板された三井家三代目当主三井高房の『町人孝見録』は京都の富豪五〇家の没落を記録したし、京都の商家の岩垣光定は『商人生業《すぎわい》鑑』（一七五七年）で商人の生活や職業の心得を自家の子どもや手代に書き与えたりした。

第二の心学系啓蒙書は、梅岩の直門弟手島堵庵の『我津衛《わがつえ》』（一七七五年）をはじめとしてその数は多い。手島は、著作だけでなく「道話」と称して「聞かせる啓蒙」の方法を考案した。もう一人の門弟脇坂義堂は舌禍による道話が不可能となったのを逆手に書による啓蒙に力を入れた。その数は、筆者の調べた限りでも二四件を数え、その中には『金もうかるの伝受』（一七八九年）とか『撫育草《そだてぐさ》』（一八〇三年）とか、晩年の文化年間に全九巻にまとめた『心学教諭録』などがある。

第三の『商売往来』は、筆者の調べた限りでも江戸期の板本は一一〇件の多数に上る。元禄年間に大坂の手習師匠堀流水軒は入門する幼童にいちいち手書きの見本を書き与える面倒を省くために、共通のテキストを作成した。商売に関係する語彙を集成し、読み書きの学習に役立つように工夫した簡便な木板刷りであったが、その有用性が人気を呼び広範に普及した。この元禄『商売往来』はその後種々の変容本を生んだ。原本をまねて板木を彫り直したもののほかに、巻首・巻末・頭書などに新しい語彙や情報を書き加えたもの、本文の語彙の下に注釈や絵図をつけ足したもの、元禄本の形式を踏襲しつつ本文の語彙を補充したり改正したりしたものなど多種多様である。さらに『百姓往来』とか『万匠往来』など、特定の主題や特定の職種の往来物も世に出回った。江戸期の商人は幼少期から寺子屋などに通って手習いの修業をしたが、その際、『商売往来』も役立った。江戸期庶民の識字率は高かったと先述したが、商人もその中に含まれていた。

子どもの教育は親のつとめであることは、百姓や職人と同じであったが、商人の世界には丁稚《でっち》奉公という教育的機制が編み出された。子どもは、一〇歳をすぎたころから商家の丁稚となり店内の下働きに従事した。その間、夜間を利用して年長者から読み・書き・算盤《そろばん》の稽古をつけてもらうこともあった。一六～七歳になると丁稚の優秀な者は手代と称され、仕入れ、販売、手形、帳簿などの技術に精通するようになる。さらに上達すれば番頭と呼ばれ、一部の者は暖簾《のうれん》分けして独立することもできた。これら外から来た子飼いの店員のために、細かな店則を定めたところもあった。

ちなみに、丁稚制度は、竹内洋によれば、鎌倉・室町時代にその起源をもち、江戸中期以降に急速に広まったと言う。しかし、暖簾分けまではきびしい選抜がなされ、丁稚双六《すごろく》の上り、つまり丁稚から別家の待遇となる者は百人中三～五人であった。番頭になった者、暖簾分けして貰った者にとっては長期雇用で年功制であったが、大量の間引きされた者にとっては短期の修業であって、郷里に帰って小売商を営むなどして一人前となった（『立身出世主義』日本放送出版協会、一九九七年）。

大きな商家にとっては、子飼いの店員よりも血筋の後継者を育てることが重大事であった。そのため厳しい商家家訓を定めたところが多い。その中で有名なものは呉服商として成功した三井家の家訓であって、何代にもわたり書き改められ、子孫家業見習の事が細かに定められた。この家訓は二八~九歳までの長期にわたって守るべきものとされ、本家だけでなく同苗一〇家にも適用された。

天秤棒一本の行商で財をなした近江商人の場合、近江の本店で子育てがなされた。一〇歳ごろになると、小さな天秤を担わせ行商の修練をさせた。商品は売れる見込みのない鍋蓋、弁当は御飯だけ、もし売れたら煮豆でも買って食べなさいという厳しい条件の行商経験であった。「千両天秤」と称され、天秤棒一本で千両稼ぎ、千両稼いでもなお天秤棒を離さないという近江商人の商業精神はこのような実地の修業から始まっていた。

ただし、商業と工業との間には、大きなちがいが出た。そのことは、幕末維新期の近代化の過程に顕在化した。工業は、サムライが主体であったとはいえ、職人もその下で砲や船の西洋技術者へ変身する者が出たのに、商人の世界では守成の思想が強く、近代化への対応がおくれた。中には、近江商人の中井家のように西洋の簿記法に匹敵するような高度の算法による複式帳合の技術を生み出したところもあるが、維新後に継承されることはなかった。わずかに動乱期の三井家を守った三野村利左衛門とか、近江商人の伊藤忠兵衛などの新商人の名が残っているが、明治の商業界を動かすのはマージナルの世界から出た実業家であった。例えば、渋沢栄一は半農半商の家に生まれてサムライの身分に転じた経歴をもち、岩崎弥太郎は土佐の地下浪人という下級藩士であって、土佐商会を設けて商業の世界に入った。

世人は、日本の歴史の中で江戸期が面白いと言うが、筆者も同感である。政治史ではサムライ世界の権力争いが話題となるけれども、筆者はむしろ民衆の生活史に興味がある。江戸期の農・工・商の民衆は、封建体制の苛酷な支配と収奪に苦しみながらも、自分たちの生きる道を切り拓いてきた。そこには、民衆の思想と哲学と実践があった。筆者は、産業教育成立史研究三部作を執筆するとき、特に江戸期の民衆の仕事とその教育に注目し、それが近代日本とどのような連続と非連続の関係にあるかを考えた。結論を先取りして言えば、少くとも仕事観においては連続の側面が強く、そのことは以下の章で立証したいと思う。

# 第二章　近代学校の仕事人教育

## 1　「学校王国」日本の誕生

明治維新に成功して政権を掌握した開明派官僚は、日本にも西洋列強のような学校を設けるべきだと確信した。その学校では、「人民」と「人材」を育てるべきだと考えた。

維新の元勲木戸孝允は、一八六八（明治一）年の朝廷への上書の中で、「一般之人民無識貧弱之境を不能離《はなれあたわざる》ときは、王政維新之美名も到底属空名」と記し、国の富強は人民の富強であるゆえに全国に学校を設けるべきことを訴えた。

木戸らの尽力で、一八七一（明治四）年に文部省が創置され、その翌年に日本最初の近代教育法である「学制」が頒布された。それの前文にあたる「学事奨励ニ関スル被仰出書《おおせいだされしょ》」が太政官から布告され、その中に「人能《よ》く其才のあるところに応じ、勉励して之に従事し、しかして後初めて生を治め、産を興し、業を昌《さかん》にするを得べし」と記した。ここに、人間の「生」と「産」と「業」のための「勉励」の必要を説いたのである。

一時、文部卿をつとめた木戸は、その後の書簡の中で、「開化之花」を咲かせるためには「開化之たね」を養うことが急務であり、「皮膚上之事」より「骨髄中之進歩」を優先させよという名言を吐いている（『木戸孝允文書』）。木戸と並ぶ実力官僚大久保利通の次男浜尾新は、早くから文部官僚となって文部行政を指導することになるが、浜尾は一八七二（明治五）年の建議書において、「自古天下国家ノ盛衰隆替スル所以人材ノ有無ニ由ラザルヿ《こと》無シ。而テ人材ヲ教育スルハ学校ニ非レバ則チ能ハズ」と記した（『太政類典』）。木戸の人民に対して、浜尾は人材の必要を説いた。「学制」は、この人民と人材を育てるための学校として、小学校、中学校、大学校、翌年の「学制二編」の追加で専門学校を加えた四種の学校を重点的に整備することにした。

政府がまず着手したのは小学校の普及であった。はじめ四年、のち六年に延長した義務制の小学校は、明治の末年には就学率九〇％という世界に類を見ない普及をした。当初は民衆の反発もあったけれども、すでに江戸期の日本人は基礎学力を身につけることに熱心であったこともあり、この政策は成功を収めた。

中学校は上等と下等に二分され、上等中学校は大学校への予備門的役割を果たし、後の高等学校へと連続していく。下等中学校の中には実業系の学校も含み、より優位な職業人の養成に役立った。

大学校は、旧幕時代の洋学機関であった医学所や開成所を再編して、外国人教師を雇って高度な教育をなす東京大学を中核にして、それを帝国大学と改めた。明治期には、京都、福岡、仙台にも帝国大学を増設した。

専門学校は、「学制二編」では、「法学校医学校理学校諸芸学校礦山学校工業学校農業学校商業学校獣医学校等」とされ幅広い分野の職業人の教育を担当することになった。当初は、「外国教師ニテ教授スル高尚ナ学校」とされたが、その後外国人教師に代わって日本人教師の教授する学校に転換した。

これら四種の学校に加えて、小学校と中学校の教員を養成するための師範学校を設けることも重要施策としたため、それを加えれば五種の学校が明治一〇年ごろにはほぼ一斉に出揃うことになる。

以上は、文部省の所轄する学校であるが、文部省以外の諸省も、自省の業務を近代化するための人材を確保する必要に迫られた。はじめは外国人教師を雇い入れたが、彼らに支払う給料は高額であったため、外国人に代わる日本人技術者を養成する学校の設置に踏み切り、自立化を目ざすようになる。それらの学校の創設や教授は、はじめは外国人が担当し、やがて学卒の日本人が彼らに代わることを期待した。明治の初年に教師として雇われた外国人は、文部省雇いを含めると数百名を下らない。その間の事情は、拙著『日本教育の開国―外国教師と近代日本』（福村出版、一九八六年）で考察した。

文部省所轄以外の各省立学校で著名なものは、工部省の工学寮（工部大学校）におけるイギリス人教師陣の工学教育、内務省（のち農商務省）の駒場農学校におけるはじめイギリス人のちドイツ人教師陣による農業教育、開拓使の札幌農学校におけるアメリカ人教師陣による農工教育、法務省の明法寮におけるフランス人教師による法学教育、兵部省のフランス人教師陣による陸軍兵学教育とイギリス人教師陣による海軍兵学教育などであって、明治新政府は総ぐるみで、学校による人材育成に乗り出した。江戸期とちがい、各界の仕事人は学校において育てられることになるのである。

明治一〇年代の中ごろになると、これらの学校を文部省が一元的に管理することになる。陸海軍の学校は別にして、「学政一元化」を建前にした文部省は、民業育成の政策を進める農商務省の主務省管理の方針と対立した。明治一四～五年の交、太政官に裁定を求め、両省はそれぞれの主張をしたが、太政官は玉虫色ながらも文部省の立場を認めたため、以後、工部大学校、駒場農学校、札幌農学校などは順次文部省の所轄となった。フランスやプロイセンなどのヨーロッパ諸国などとはちがって、日本の学校は文部省によって管理され、拡張を続けていくことになる。

明治二〇年代の後半になると文部省は新たな法整備によって、学校を二種の系譜に分けて、それぞれの拡充を図った。一八九三（明治二六）年の井上毅文政期に端を発する実業教育の法制化であって、一般の教育とちがった実業教育という区画された世界が生まれることになる。実業教育の中心は農・工・商の学校であって、それまで中学校の一種とされていた中等の実業学校は、一八九九（明治三二）年の「実業学校令」によって法的根拠が与えられた。同法の第一条では、「実業学校ハ工業農業商業等ノ実業ニ従事スル者ニ須要ナル教育ヲ為スヲ以テ目的トス」と定められた。中等以上の実業学校は専門学校の一種とされていたが、一九〇三（明治三六）年の「専門学校令」によって、実業専門学校と称されて一般の専門学校と区画された。これにより工・農・商の官立実業専門学校が誕生した。明治期だけでも、その数は工業七校、農業と商業各三校に達した。

戦後になると、アメリカの統一学校が理想とされて、この実業教育は制度上不平等であると批判されたが、このことについては後述する。すでに戦前においてその批判はあったものの、実業教育が日本の産業社会の形成に果たした役割は著大であった。その証言として、一九二三（大正一二）年に巣鴨高等商業学校を設けるに際して遠藤隆吉の出した設置申請書の一部を引用してみよう。

「昭和の今日となりても、世人が動《やや》もすれば実業教育を軽視せんとするは、誠に残念の次第であります。中学と商業と何れを撰ぶかと問へば、十中七八人迄は前者を撰びます。是れ一は、商業の目的の判然たるに対し、中学の目的は漠然として居り、将来は何《ど》んな偉い人物になるか分らぬといふブルジョア的虚栄心に駆られる結果でありませうが、又一には、実業が社会の基礎であること、文明となるに伴《つ》れて実業家が社会の上位を占むる事や、実業は決して己れの利益のためのみでなく社会への奉仕的なる立派なる事業であることを知らないからであります」（文部省簿書「設置・廃止に関する許認可文書」）。

ちなみに、遠藤は、東京帝国大学で井上哲次郎に師事した易学研究の文学博士である。実業界から縁遠い識者にこれだけの言葉をもって実業教育が支持され、後述するように中等と専門の実業学校は広範に普及した。

戦前期の日本に、実業学校と並んでもう一つ注目すべき普及を見たのは大学である。その転機は、一九一八（大正七）年制定の「大学令」によって訪れた。それまでは「帝国大学令」による五帝大だけであったが、大正期に入ると地方の要請によって官立一七校、公立二校、私立四校の高等学校が増設されるとその卒業生を受け入れる大学の増設が急眉の課題となってきた。そこで、官・公・私立の大学設置を認めたのが、この勅令であった。特に官立の五校の医科大学、二校の商科大学、二校の工科大学の設置は重要である。それまで名は大学と称しても、実は専門学校扱いされていた私立大学もこれによって正規の大学とされた。日本の大学の拡張に果たした私立大学の役割は大きい。

戦時体制下には、日本の学校教育は大きく変貌することを余儀なくされるが、そのことを含めても、日本は世界に冠たる学校王国となった。政府も民衆も学校の果たす役割についての強い信頼を寄せていたのである。

## 2　医療人の学校

医療の起源は人類の歴史とともに古く、古代ギリシアのヒポクラテスに始まるとされている。医療従事者の教育はヨーロッパの中世大学に確かな起源をもち、哲学、法学、神学と並んで中核的位置を占めた。日本では漢方医学が中心であり、江戸期には漢方の開業医が各流派で私塾形式の医師養成をした。

医師は教育問題に熱心であって、今日、日本医学教育学会があり機関紙を刊行している。坂井建雄の編集した『日本医学教育史』（東北大学出版会、二〇一二年）のごときは、その教育史を知るに便利な文献である。

日本の医学教育史は、江戸末期の西洋医学を教える教育機関から始まる。その拠点となったのは長崎であって、オランダ人シーボルトは鳴滝塾を開き日本人の教育をした。出島の長崎商館には、ポンペ、その後任のボードウィンやハラタマらによって精得館と名づけられた医学所が設けられ、日本人にも開放された。ポンペは滞日五年間に一五〇人の日本人医師を教えたと言われている。この時期の医師にとって長崎に出ることは医学遊学と呼ばれていた。

いっぽう、幕府も医学所の設置に踏み切った。シーボルトの門人伊東玄朴は、牛痘治療のための養生所を設け、それが一八六一（文久一）年に西洋医学所と改称されたのが嚆矢である。同所では、教育、解剖、種痘の三科に分けて講習を開始した。諸藩の藩校にもこれにならって医学所を設けたところがある。幕府の医学所は、明治になると大学東校、東校、第一大学区医学校、東京医学校と名前を変えつつ、旧幕時代に洋書和解を目的として設けられた開成所と合併のうえ、一八七七（明治一〇）年に東京大学医学部となった。

新政府は、明治のはじめに西洋医学を採用することを決め、一八七一（明治四）年にドイツ人軍医のミュルレルとホフマンを雇って、それまでのオランダ医学からドイツ医学へ転換した。もともとオランダ医学はドイツ医学に範を取ったものであるため、特に摩擦は生じなかった。その後、東京大学では内科のベルツと外科のスクリバを雇って医学教育体制を固めた。この二人は長く日本に滞在し、日本政府は二人の功労に対して勲一等に叙した。

地方でも公立や私立の医学校が設置された。有名なところでは、一八七二（明治五）年創立の京都療病院（のち京都医学校と改称、現在の京都府立医科大学）ではドイツ人ヨンケルが、大阪医学校ではオランダ人エルメレンスが、石川県の医学館ではオランダ人スロイスが、鹿児島県の医学校ではイギリス人ウィリスが医学教育を開始している。

一八七九（明治一二）年現在、公立の医学校は二〇校、私立の医学校は二五校、合計四五校の多きに達した。外国人教師を雇い入れることのできない医学校では東京大学出身者を校長（病院の付属校や併設校の場合は院長）および教諭として迎えた例が多い。医学校卒業生は、無試験で医師免許を取得できたこともこれらの医学校急増の理由であった。一八八七（明治二〇）年に、政府は医学校の濫立を防止するため、府県立の医学校は地方税によって支弁することを命じたため、公立の医学校は一挙に九校に減少し、代わって、五校の高等中学校（旧制高等学校）に医学部を設け、それを官立の医学専門学校と改称した。

一九〇三（明治三六）年の「専門学校令」は医学校を整理し、その水準向上に寄与した。この法令の制定によって官立五校（先に高等学校の医学部となった千葉、仙台、岡山、金沢、長崎）と公立三校（京都、愛知、大阪）と私立三校（慶応義塾医学科、東京慈恵会医学科、済生会医学科―のちの日本医科大学）が医学専門学校に指定された。のちに第五高等学校医学部も公立校に加えられたが、これら公立校はその後官立校に移管されたり帝国大学医学部（大阪、愛知）に昇格したり、京都のようにそのまま府立校として発展したりした。

その次の大きな改革は、一九一八（大正七）年の「大学令」であった。これによって官公私立の大学が認められたため、官立の五校の医学専門学校のほかに上述の公立校と私立校も順次医科大学となった。このうち、大阪の医学専門学校は府立のまま大阪医科大学となり、一九三一（昭和六）年創設の大阪帝国大学の医学部となったし、名古屋のそれは公立のまま医科大学となり、一九三九（昭和一四）年創立の名古屋帝国大学の医学部となった。これにより、戦前の七校の帝国大学すべてに医学部が設けられ、その下に医科大学、さらにその下に医学専門学校という医学教育の網が張りめぐらされた。

帝国大学は高等学校の卒業生の進む正規のルートであったが、その高等学校在校生の進学の第一志望は医学部であった。高等学校卒業生はほぼ全員帝国大学に進学できるようになっていたが、医学部は最高の競争率であって、法学部と工学部がこれに続き、文学部のごときは定員割れの状況であった。大正期になると高等学校は八校のナンバースクールから、ホームスクールを加えると二五校に大増設された。その卒業生を受け入れる医科大学の増設を迫られていたのである。

医師になりたいという若者の志望は変わることなく、加えて大戦末期になると軍医不足が深刻化したことによって、医師の学校数はその後も増加を続けた。学卒者には無試験検定によって免許状が与えられたこともその要因となっていた。敗戦直前の開設校もあって、正確な数字は不明であるが、一九四七（昭和二二）年現在の旧制医学専門学校は、官立一八校、公立一四校、私立一四校の計四六校を数えた（『日本近代教育史事典』）。その中には戦時期に増設された大学附属の臨時医学専門学校一三校も含まれる。

政府は、医学校については一八八二（明治一五）年に「医学校通則」を定めて諸種の規程を定めたし、それ以後に医師免許の法規も整備した。一八七五（明治八）年には各府県において医業開業試験を実施するようにし、一八八三（明治一六）年には、医術開業試験規則や医師免許規則を定めた。一九〇五（明治三八）年の「医師免許規則」の改正では、官公私立医学校のほかに文部大臣の認定する医学専門学校卒業生には無試験で資格認可がなされるようにした。一九一六（大正五）年には、医師になるには学校卒業資格を必要とするという学校優先の方針が打ち出されたため、医師開業試験は、戦前期においてはほぼ有名無実となった。

その際、漢方医は含まれなかったので、従来医業を開業していた者以外には門戸を閉ざされた。西洋医学と学校教育万能の時代に変わるのである。ちなみに、大学教育の中で漢方医学を容認するのは、戦後の一九六七（昭和四二）年を待たねばならなかった。

医学教育は女子にも開放されたことは重要である。日本の女医第一号は、長崎の鳴滝塾出身のシーボルトの娘楠本イネであって、維新後に福沢諭吉の周旋で東京に出て産科医を開業した。真の意味での近代女医は、医術開業試験に合格した荻野《おぎの》吟子であり、その後数名の女医のあと吉岡弥生が済生学舎を卒業後女医となり、一九〇〇（明治三三）年に東京女医学校を創立した。同校は、東京女子医学専門学校を経て東京女子医科大学へと発展した。その後、東京に帝国女子医学専門学校（今日の東邦大学医学部）、大阪に大阪女子高等医学専門学校（今日の関西医科大学）が設けられ、第二次大戦終結時には女子に開放された医学校は一一校に達した。

これまで、医師を中心にして医療職人の学校について述べてきたが、医療職の中には歯科医師、薬剤師、看護師、検査師などが含まれる。歯科医師の学校は、医師の学校に後追いする形で整備され、類似した軌跡を辿った。中には医師の学校に併置される場合もあった。医療の業務に欠かせないのは看護師である。日本の看護教育に功績のあった保良せきについては補論で取り上げ、看護教育の創始の事情について考察することとする。

日本の看護教育機関の先駆は、今日の聖路加看護大学の母体となる聖路加女子専門学校であって、戦前において文部省の認可を受けた唯一の専門学校である。同校は、日赤の看護婦養成所と双璧をなしていた。また、全国の国立病院には附属の看護婦養成所があり、中でも国立岡山病院と国立東京第一病院の附属看護学院はモデルスクールとされた。ただし、戦前においては看護職の社会的評価は低く、准看時代が長く続いた。戦後になってその見直しが進められ、今日では、国立大学医学部に医学科と並んで看護学科を位置づけるまでに変化した。看護に関する国の法律は、一九一五（大正四）年の「看護婦規則」が最初であり、大幅におくれた。

## 3　産業人の学校

医療人の学校よりおくれて産業人の学校が開設され、その盛況は医療人の学校を大きく上回った。産業人の学校は、大学と専門学校に加えて中等教育の世界を含んでいたため、その層も厚い。国家富強のために産業立国の形成を目ざす明治新政府の力の入れ方も格段に強力であった。

これまで、筆者は、農工商の産業教育の歴史を調べて、産業教育成立史三部作と産業教育発達史三部作にまとめ公刊した。産業系の学校についてはその中で詳述したつもりであるが、以下においてはその概要を記してみることとする。

**工業系の学校**　「生《い》た器械」になりたいという宿志を書き残して幕末にイギリスに密出国した「長州ファイブ」の一人山尾庸三は、帰国後一八七〇（明治三）年に国営工業を所轄する工部省の創置に成功し、その翌年には太政官に対して人材養成のための学校建設を上申した。工部省の事業は、「皇朝未曽有ノ要務」であり、「実学知識ノ徒」でなければその施行は困難であること、「方今数多ノ外国人ヲ使役」して創業しているけれども、終始彼等の手を借りるようでは、「一時開化ノ景況」は見えても「万世富強ノ基本ハ迚《とて》モ相立申間敷」ゆえに、「此機ニ臨ミ人材教育ノ御方途不可欠場合ト被存候」と訴えた（『公文録』）。まことに名文であり、明快な論理であった。

「長州ファイブ」の他の一人、伊藤博文はこの企画を支援するため、岩倉使節団の副使としてイギリスに出張した際、かつての知己に頼み、ヘンリー・ダイアーを長とするイギリス人教師団の雇い入れに成功した。彼らは一八七三（明治六）年に来日し、工部大学校（当時は工学寮）を創置した。その際、ダイアーは事前に調べていた大陸諸国のポリテク・カレッジとイギリスの伝統的な実地訓練を融合した、当時の世界でもトップレベルの実験的なエンジニア教育の創業に成功した。山尾らは、ダイアーの実践に口をはさむことなく財政面から支援した。その後、ダイアーは日本でもイギリスでも忘れられた存在となっていたので、筆者は先述したようにその紹介につとめた。

いっぽう幕府の開成所の流れに属する東京大学には諸芸学の中に工業系学科が含まれていた。森有礼文政期になって帝国大学が設けられると、東京大学に吸収されていた工部大学校は、工科大学となった。工部大学校卒業生の側から反対の声が出たものの森の施策に押し切られた。ヨーロッパの名だたる中世大学には例のないことであって、森の英断と称賛する声もあるけれども、筆者はダイアーの目ざしたエンジニア教育の理想が失われたことを残念に思う。その後の帝国大学には例外なく工学部が含まれることになる。

工業分野では、戦前期に帝国大学のほかに単科の工業大学および大学工学部が設けられた。東京と大阪の二校の官立工業大学、五校の私立工業大学（早稲田大学理工学部、日本大学工学部、藤原工業大学、興亜工業大学、大阪理工科大学）がそれである。このうち藤原工業大学は敗戦直前に慶応義塾大学工学部となった。

工業教育の中核となったのは、工業専門学校であって官公私立の専門学校が百花斉放のにぎわいを見せた。官立の工業専門学校の先駆となったのは、東京高等工業学校であって、第二次世界大戦以前に二五校を数えた。公立校と私立校は大戦中、それも大戦末期に大増設を見た。公立校は、大戦前の三校が敗戦時に一四校に、私立校は、大戦前の六校が敗戦時に二六校となった。そのほかに、大学に附属する工業専門部も専門学校に加えることができる。北海道と九州の帝国大学、東京工業大学、日本大学、早稲田大学、立命館大学の六大学に大学の工学部より一段程度の低い工業の専門部が設けられ、大学教育を補佐した。

学術の「蘊奥《うんのう》」を極めることを建前とする帝国大学とはちがって、工業の仕事人を教育するという方針で臨んだのは、長く東京高等工業学校長をつとめた手島精一であった。同校は、一八八一（明治一四）年に文部省の創立した東京職工学校に端を発し、東京工業学校、東京高等工業学校と名を変えた。

手島の高等工業を先駆にして、一九〇三（明治三六）年の「専門学校令」を契機に、大阪高等工業、京都高等工芸、名古屋高等工業、熊本高等工業、仙台高等工業、米沢高等工業、秋田鉱山の八校の官立工業専門学校と明治専門学校と早稲田大学理工科が加わり、明治末年には一〇校となった。このうち私立の明治専門学校は北九州の炭鉱王安川敬一郎が三二〇万円という巨費を投じ、施設設備や教員などすべてを完備した名門校であって、一九二一（大正一〇）年に官立に移管された。

大正年間には、この明治専門学校を含めて一二校の、さらに一九三九（昭和一四）年に七校の増設があり、工業界の技術者の養成に果たした高等工業学校（大戦中は、工業専門学校と改称）の役割は著大であった。手島は工業界の仕事人を軍隊にあやかり将校、士官、兵卒の三層に区分し、帝国大学は将校、高等工業は士官、工業学校は兵卒の養成に振り分けたが、士官に相当する技術者の養成に力を尽したのは高等工業学校であった。

専門学校よりさらに下位の中等レベルの学校は、一八九九（明治三二）年の「実業学校令」によって実業学校と称され、中学校や高等女学校と区別された。名古屋大学名誉教授で日本産業教育学会の会長をつとめた寺田盛紀の論文によれば、「伝統的な和語を冠した概念が法律上の規程を得た」ことになる。寺田氏の論説については本書の巻末に言及することとする。その中には、農・工・商の中等学校が包摂され、外国語にも適訳語のない日本的概念の言葉であった。

これより先、一八九四（明治二七）年制定の「徒弟学校規程」は新定の「工業学校規程」の中に包み込まれ、徒弟学校は工業学校の一種とされた。明治末年には、工業学校三六校に対しそれより低度の徒弟学校は一〇七校を数えた。一九二一（大正一〇）年には両校はともに工業学校と称することになり、修業年限のちがいにより甲種と乙種に二区分され、男子の徒弟学校の多くは乙種工業学校とされた。それまで徒弟学校の中に入れられていた女子の技芸系学校は、新定の「職業学校規程」に準拠することになった。その後、甲種の工業学校はその数を増し、第二次世界大戦勃発前の一九三〇（昭和一五）年には二二一校（甲種一八〇校、乙種四一校）になり、工業学校の盛況期を迎えた。

第二次大戦中に、日本の工業教育は大変動を起こした。筆者は、これまで国立公文書館に所蔵される学校の設置や廃止などに関するぼう大な量の許認可文書を調査したが、特に大戦末期の工業教育の変動には目を見張った。この間の事情については、文部省にも統計データが少ないため、筆者は産業教育発達史研究三部作において学校名まで含めて詳細な一覧を掲出した。ここでは、敗戦時の工業教育の学校数をまとめてみると表1のとおりである。

学校数は、明治のはじめから創立され敗戦時まで存続した総数であるが、（　）内に敗戦直前に増設ないし商業学校などから転換した学校数の内数を記している。高等教育の四五％、中等教育の五八％がこの短歳月に増加したことになる。たとえ、軍需工場の必要性が切迫していたとはいえ、教育史上の異常事態と言うしかない。学校とは称しても、学生や生徒は勤労動員されてほとんど学業のない学校であったが、これらの学校のかなりの数が戦後に再興されて、戦後日本の復興に寄与することになるのは、歴史の皮肉と言うべきか。このことについては後述する。

**農業系の学校**　明治のはじめ、新政府は、工業と並んで農業技術を近代化するための学校を設けた。民業の育成を政策目標にした内務省、それに続く農商務省では、大久保利通や品川弥二郎らによって駒場野に農学校を設け外国教師を雇い入れた。一八七四（明治七）年の大久保の上申書には、「農事ヲ勧奨シ厚生ノ大本ヲ立ルハ国家富強ヲ謀ルノ根基」であるという一文がある（『公文録』）。他方、北海道の開拓を目指す開拓使の黒田清隆は当初農工両全の学校を設ける計画であったが、アメリカ人ケプロンの勧告に従って「各般ノ農業ヲ教ユル学校」を札幌に開いた。駒場農学校は、一八九〇（明治二三）年に帝国大学農科大学となり、札幌農学校は、曲折の末、一旦東北帝大の農科大学となり、一九一八（大正七）年に北海道帝大として独立した。

戦前の七帝大の中では、九州と京都に農学部が加わり四校となり、これにはじめは専門学校であった東京農業大学が一九二五（大正一四）年に大学として認可され、戦時中の一九四三（昭和一八）年に日本大学に農学部が置かれたた

表１　敗戦時における工業教育機関数

| | 学校種 | 学校数 |
|---|---|---|
| 高等教育 | 大学工学部・工業大学 | 13　(2)[1] |
| | 大学附属工業専門部[2] | 6　(2) |
| | 官立工業専門学校[3] | 29　(4) |
| | 公立工業専門学校 | 14　(11) |
| | 私立工業専門学校[4] | 26　(21) |
| | 計 | 88　(40) |
| 中等教育 | 工業学校[5] | 556 (321) |

注　1)（　）内は昭和 18 ～ 20 年の増設数（内数）
2) 土木専門部を含む
3) 高等工芸、鉱山専門学校を含む
4) 写真専門、高等造船、鉱山専門、電波科学専門学校を含む
5) 商工、工商、農工、工芸、実業、実務、窯業、造船、林工、電気通信学校などを含む

め、大学農学部は合わせて六校となった。工業分野に比べると少ない。

専門学校も工業より若干少ないけれども、官立校は、明治期に、盛岡、鹿児島に高等農林が、上田に蚕糸専門学校の三校が設けられ、大正期に七校、大戦以前に五校が加わり合わせて一五校となった。公立と私立の専門学校は敗戦時に一五校となったが、そのうちの九校は戦中期の増設で、公立校の六校は大戦末期に中等学校の転用とか併設によって専門学校となった。私立専門学校の中に女子校が一校含まれているのは工業とのちがいである。いずれも食糧確保の国策にこたえたものである。なお、農業専門学校の中には、農林、獣医、水産、園芸、拓殖も加えている。

中等の農学校は、日本が農業国であったため、早くから開校が進み、一八八三（明治一六）年には「農学校通則」が定められ、文部省ではこれを実業教育の起点と解釈してきた（『実業教育五十年史』一九三四年）。この年、すでに一〇校余りの公立農学校が存在していた。一八九四（明治二七）年の「簡易農業学校規程」、一八九九（明治三二）年の「実業学校令」のもとでの「農業学校規程」が定められると、農業学校の設置に拍車がかかり、明治後半期にその数は急増した。

上述の工業学校に比べてみると、農業学校には次の三点の特色がある。

その一は、地方の要請や必要に応じて学校が設けられたことである。設立主体は、府県立だけでなく、郡立、町村立、組合立など地方の状況によって多様であり、地域住民の意識のちがいから地域間格差も大きい。明治末年までに、長野県で一七校、新潟県で一五校、福岡県で一二校、茨城県と静岡県で各九校もの学校が設けられ、長野県は組合立、福岡県は郡立が多数を占めた。一九二三（大正一二）年の郡制廃止によって郡立校は県に移管され、福岡県の場合は一二校の郡立校が県立校となったが、組合立が圧倒的多数を占めていた長野県の場合は、多くが組合立として存続し

表２　敗戦時における農業教育機関数

| | 学校種 | 学校数 |
|---|---|---|
| 高等教育 | 大学農学部・農業大学 | 6　(1)[1] |
| | 大学附属専門部 | 1　(0) |
| | 官立農業専門学校[2] | 16　(1) |
| | 公立農業専門学校[3] | 8　(6) |
| | 私立農業専門学校[4] | 7　(3) |
| | 計 | 38　(11) |
| 中等教育 | 農学校・農林学校[5] | 521　(90) |

注　1)（　）内は昭和18～20年の増設数（内数）
2) 蚕糸専門、高等蚕糸、高等園芸、高等水産、高等獣医学校を含む
3) 高等獣医、拓殖専門学校を含む
4) 高等獣医、女子農芸専門学校を含む
5) 農蚕、山林、水産、実業、農工、農商、園芸、女子実業、女子農林学校などを含む

た。

その二は、専門学校とも共通することであるが、農業分野の幅の広さを反映して獣医畜産や園芸や水産など多様な学科が取り込まれていたことである。特に注目したいのは明治期の輸出品の花王であった生糸の生産に関係する蚕業学校が一八九九（明治三二）年までに五校設けられた。その後、官立の三校の蚕糸専門学校が助太刀した。それも、上田、東京、京都に地域配置された。

その三は、農業学校は女性にも開放されたことである。中学校や高等女学校の存在しない農村地帯に設けられた農業学校は地域の唯一の中等教育機関としての役割を果たしたため、当時の中等学校では認められていなかった男女共学制を採ったところがある。例えば、戦前期の広島県では一三校の農村部の農業学校のうち九校までが共学制であった。あるいは、長野県の組合立の農業学校の中にも共学校が多く、第二次大戦前の一九四一（昭和一六）年まで開設されて敗戦時まで残った三二校のうち、共学校は五校、女子の単独校は三校である。この三校の校名は家政女学校、女子実業学校となっていたが、いずれも共学女子農業学校の女子部の独立校である。一九四二（昭和一七）年に文部省の刊行した最後の『実業学校一覧』によれば、その年度の、女子の入学できる甲種農業学校は八〇校、そのうちの

九校は女子だけの独立校、残る七一校は共学校であり、乙種農業学校八〇校のうち女子部の設けあるものが三〇校あって、甲・乙合わせると共学校は一〇一校となる。

敗戦時の農業教育機関数は表2のとおりである。大戦末期の大変動は工業ほど大きくはない。食糧生産の必要から農業教育の役割が重視されていたからである。後述する商業学校縮小政策の結果として、農業学校に転換した例や、青年学校や職業学校から昇格した例などがある。なお、公立専門学校の増設校のうち一校は中等学校の転用、四校は中等学校への併置であって、いずれも急場しのぎの対応であった。

**商業系の学校**　幕末期に幕臣として三度に及び欧米に渡航した貴重な体験をもつ福沢諭吉は、明治初年の文書で、ペリーの来航は交易に目的があったことを道破していた。幕末の薩摩藩イギリス留学生の一人森有礼は、アメリカ駐劄の外交官となったが、南北戦争後のアメリカでビジネス・スクールが目ざましい発展をしていることを目撃していて、一八七三（明治六）年に賜暇帰国した際、同僚の外交官富田鉄之助と謀って東京に商業学校を設けることにし、福沢に頼んで「商学校ヲ建ルノ主意」なる趣意書を執筆して貰った。その中には、「商売ヲ以テ戦フノ世ニハ商法ヲ研究セザレバ外国人ニ敵対ス可ラズ」という一文がある。

しかし、大蔵省の官僚は、この種の学校は「人民ノ共立ニヨリテ建創スベキモノ」と考えていたため、森はやむなく一八七五（明治八）年に私塾という形で東京に「商法講習所」を開き、富田の推薦するアメリカ人ホイットニーを教師にして、後事を渋沢栄一らにまかせ、清国の外交官に転出した。

明治一〇年代になると、岩崎弥太郎は三菱商業学校を設け、福沢の門下生たちは神戸、大阪、岡山に商業（法）講習所の開校に寄与した。しかし、福沢の門下生たちは、その後政界や言論界に身を投じたため、いずれも長続きしなかった。

一八八四（明治一七）年に文部省は、「商業学校通則」を定めた。前年の「農学校通則」と合わせて、農業と商業の中等教育を支援することにした。これによって、明治一七年に名古屋、一八年に大阪、一九年に神戸、長崎、京都、滋賀、赤間関、函館に相次いで後に名門校となる商業学校が開校し、一八八九（明治二二）年の文部省の一覧表を見ると、ほかに新潟、横浜、尾道、福岡の商業学校が加わっている。農業と工業とはちがい、商業系の学校は中等程度の水準から緒についた。

それより上級の高等水準の学校は、一八八五（明治一八）年に森有礼が初の文部大臣に就任して後、東京の商法講習所を文部省所轄の東京商業学校、東京高等商業学校に格上げすることで動き出した。のちの東京商科大学、今日の一橋大学の母体校である。東京商科大学は、戦前の帝国大学に商学部が存在しなかっただけに、商業教育機関として最高の地位にあった。一九一四（大正三）年に創立四〇周年の記念式典が催されたとき、同校出身者で初の校長となった佐野善作は式辞の中で、「今ヤ各種ノ商業学校全国各地ニ起リ、其数百有余ヲ以テ算フルノ盛況ヲ呈スルニ至リタリト雖モ、一モ範ヲ本校ニ採ラザルモノナシ」と公言した（『一橋大学学制史資料』第五巻）。その起源は明治八年の商法講習所にあるとした。

一九〇二（明治三五）年に第二の官立高等商業学校が神戸に創られた。このとき、大阪と神戸が誘致をめぐって激しく争ったが、帝国議会でわずか一票差で神戸に設置が決まると、大阪市は市立高等商業学校を設けて独自な教育方針で進むことにした。昭和期のはじめ、まず大阪は市立商科大学を設け、その翌年に神戸高等商業学校が第二の官立商業大学に昇格した。神戸は東京より九年おくれの大学であって、戦前期にはこの三校だけが官公立の商業大学であった。そのほかに、私立大学の商学部または商経学部が加わり、戦前期に大学関係校は一〇校となり、大戦前の学校数は工業の一一校についでいて、農業の五校より多い。

専門学校の数は、大戦前には、商業が四六校で一位であって、工業の三八校、農業の二一校を大きく上回っていた。敗戦時に工業が四五校と大増設を見るのは大戦末期の対応のためである。商業の専門教育のうち、官立校は、一九〇五（明治三八）年の山口と長崎の高等商業学校を先駆にして、一一校、公立校は二校、私立校は一二校となった。それに加えて私立大学または私立専門学校に附属して商業の専門部が設けられ、その数が二三校に達したのはこの分野の特色である。その中には東京と大阪の官公立大学の二校の専門部も含まれている。私立の大学と専門学校が積極的に動いたのは、設置経費が安くすみ、学生確保に有利であったことも理由である。

中等の商業学校数も、大戦前には、商業が第一位で五一六校、農業の四三一校、工業の二三五校がこれに続いていた。文部省の発行した一覧では、一九四〇（昭和一五）年現在、甲種三八九校、乙種七二校となっている。ところが、一九四三（昭和一八）年一〇月に政府の閣議決定により戦時非常措置方策が打ち出されると商業教育は致命的な打撃を蒙ることになる。男子商業学校は工業学校、農業学校、女子商業学校に転換して生徒募集の停止を命じられたのである。これにより、先に工業教育の大変動と称したように、商業学校は工業教育に転換させられた。戦時体制下の統制経済のもとでは、従来の商業教育は不要とされたからである。

ただし、女子の商業学校は生き残ることができたので、男子商業学校からの転換や職業学校や各種学校などの昇格を含めて、筆者の調査した限りでは、敗戦時における商業学校数は七〇〇校と、その数を減らしていない。敗戦時の

表3　敗戦時における商業教育機関数

| | 学校種 | 学校数 |
|---|---|---|
| 高等教育 | 大学商学部・商科大学 | 10 (0)[1] |
| | 大学・専門学校附属商業専門部 | 23 (0) |
| | 官立商業専門学校 | 11 (0) |
| | 公立商業専門学校 | 2 (0) |
| | 私立商業専門学校 | 12 (0) |
| | 計 | 58 (0) |
| 中等教育 | 商業学校・女子商業学校[2] | 700 (184) |

注　1)（　）内は昭和18～20年の増設数（内数）
　　2) 実業、実務職業、農商、商工、商蚕、商務、貿易、植民貿易、商業拓殖、高等実修、女子職業、女子実業学校などを含む

商業教育機関数は表3のとおりである。

商業教育には、二点の補足をしておきたい。その一は、キリスト教系私学が参画したことである。上智大学には商学部が、関西学院大学には商経学部が設けられた。学部ではなく専門学校程度の専門部を加設したのは、東北学院、青山学院、明治学院、西南学院、関東学院などである。

その二は、早くから女子の独立校が設けられたことである。名古屋の市邨芳樹、東京の嘉悦孝子はその先駆者であって、一九〇七（明治四〇）年に市邨の設けた名古屋女子商業学校はその第一号であった。一九二九（昭和四）年に嘉悦の設けた日本女子高等商業学校は専門学校水準の独立女子校であった。商業教育に熱心な明治大学は早くから商学部を設け、併せて専門部商科と専門部女子部商科を加えた。

大戦末期に設けられた一八四校の増設校のうち男子校二校を除く一八二校は女子校であり、そのうち女子実業学校と称した九校と女子商工学校と称した二校を除く一八一校はすべて女子商業学校と称した。すでに戦前期において中等の商業学校は女子に開放された学校であった。たとえ、戦争という「大義」のもとに強行された改革であったとはいえ、これ程多数の女子商業学校が設けられたのは世界にも類例のないことであって、日本の女子教育は「良妻賢母

主義」の軌範の中で考えられがちであるけれども、産業教育の視座からはさらに拡大して解釈する必要がある。

## 4　教職人の学校

日本最初の近代教育法である「学制」は、一八七二（明治五）年八月三日に頒布されたが、文部省はそれに先立って学制施行に関する重要施策九項目を上奏している。その第一項に「厚ク力ヲ小学校ニ可用事」、第二項に「速ニ師表学校ヲ興スヘキ事」と記し、小学校と師表学校を優先事項とした。明治五年四月には、この師表学校を「小学教師教導場」と称し、五月には「師範学校」と改称してそれが正式の呼称となる（井上久雄『学制論考』風間書房、一九六三年）。文部省はそれの設立のため師範学校設立趣意書を全国に配布した。明治五年には東京に最初の師範学校を設けてモデル作りをした。

欧米では民衆のための公教育が成立したとき、教員養成は公教育の重要な一部であった。プロイセンがその範例を示し、イギリスやアメリカなどもこれにならった。ちなみに、井上久雄は「学制」の参考にされたと考えられるドイツ人医師ホフマンの「忽弗満氏学校建議」を発見したが、その中には教員養成の急務が説かれていた。ドイツの影響はアメリカに及び各州で師範学校の設置が進んだ。「学制」頒布の翌日から授業開始した東京の師範学校では、アメリカ人教師スコットが雇われ小学教授法の授業を開始した。アメリカでは、「学校は教師次第（As is the teacher, so is the school）」というスローガンが流行したと言う。

日本の文部省は、東京に続いて、大阪、仙台、名古屋、広島、長崎、新潟に相ついで官立師範学校を設けたが、明治一〇〜一一年には東京を除く他の師範学校を廃止し、以後は府県立の公立師範学校の普及に力を入れた。

初代文部大臣となった森有礼は、一八八六（明治一九）年に「帝国大学令」などと並んで「師範学校令」を制定し、国家的教育体系として重視した。そこでは、「順良信愛威重」の三気質を備えた授業法専門の職業人の養成を目的とした。この「師範学校令」では小学校教員を養成する尋常師範学校と中等学校教員を養成する高等師範学校に二層化し、東京の官立師範学校と女子師範学校が「高等」とされた。森有礼は、尋常師範学校を「府県学政の本山」と称し、高等師範学校を「教育の総本山」と称した。初等や中等の学校数が急速に増加したため、全国に張りめぐらされた師範教育の網だけでは教員が不足するようになると各種の検定制度による教員資格を付与した。

日本の師範教育は、森によって日本独自な性格づけがなされた。その後、時代によって濃淡のちがいは生じたけれども、大きくみて六点の特色が形成された。

その一は、府県知事などによる推挙制度であって、入試を経由せずに優秀な生徒を選抜できた。その二は、給費制度であって、授業料の無償のほかに各種の給与がなされた。その三は、給費の代償としての服務義務であって、一定期間指定の学校に勤務することを義務づけていた。その四は、寄宿舎制度であって、そこでは軍隊式のきびしい規律を守らせた。旧制高等学校の寄宿舎には、青春を謳歌する自由な雰囲気があったが、師範学校のそれには細かな規則が定められ、舎監が管理した。上級生による下級生の制裁も黙認されていた。その五は、服務義務の代償としての兵役猶予である。この制度も中途の変遷はあるけれども、将来戸主となる農村部の長男には魅力ある恩恵であった。校内では兵式体操など軍事訓練が行われた。その六は、附属学校での教育実習であった。師範学校では、小学校や中学校の実習校を付設して、そこで教授法の指導をし、一人前の教師を育てた。

このような師範教育の諸特質を通して、師範学校出身者には一種の共通したタイプが生まれた。いわゆる「師範型人間」と称されたもので、それを優良教師と見る人とそのステレオタイプを批判する人とに意見が分かれる。特に、無試験検定の資格をもつ帝国大学の文学部や理学部の出身者は、中等学校や師範学校の教諭となる者が多く、彼らは高等師範出身の教諭をきびしく批判した。中等教員像をめぐる帝大派と高師派の対立については船寄俊雄の研究書に詳しい（『近代日本中等教員養成論争史論』学文社、一九九八年）。

「大学令」によって帝大以外の大学設置が認められると、高師側は師範大学への昇格運動を起こしたが、帝大側の反対に遭い、結局一九二九（昭和四）年に東京と広島に文理科大学を設け、高等師範をそれに付置するという中途半端な解決となった。戦後の教育改革で一大打撃を受けたのは師範教育であって、歴史上その名を消すことになる。これについては後に述べることにする。

## 5　その他の仕事人の学校

本章では、人間生活と緊密な関係にある三種の仕事人の学校について述べてきた。医療人は人間の「生命」に、産業人は人間の「生存」に、教職人は人間の「成長」に欠かすことのできない要職である。後述するけれども人間の仕事の数は多く、それぞれの仕事人にはそれぞれの学校が役立ったが、ここでつけ加えるならば、上記の三大要職のほかに、法曹人の学校と軍務人の学校に注目すべきであろう。

特に法曹人の学校は、西洋では歴史が古く中世大学に起源をもつ。哲学・医学・神学と並んで四大学問の一つとされたのである。日本でも、大宝律令制がしかれると官僚にとっては法律は重要な学習分野とされたが、そのための特定の学校は設けられなかった。その名を冠した最初の学校は、一八七一（明治四）年に江藤新平の率いる司法省の設けた明法寮であって、当時の世界で最も法体系が整備されていたフランスから、ブスケ、ついでボアソナードを雇い入れた。

他方、東京開成学校でも法律の教育がなされていて、明法寮の第一期入学生二〇名の多くは開成学校からの転入生であった。彼らはフランス語を学んでいたということも有利であった。一八七七（明治一〇）年に開校した東京大学には法学部があり、アメリカ人テリーが担当したが、明法寮はその後司法省法学校と名を変え、一八八四（明治一七）年まで存続した後、文部省に所轄替えとなり、一八八六（明治一九）年に帝国大学法科大学となった。それ以後の帝国大学にはすべて法学部が設けられ、旧制高等学校卒業生の進学希望校の第一位は帝国大学、特に東京帝国大学法学部であった。

帝国大学法学部には立身出世の途である官僚志望の若者が集まって、近代日本は世界でもトップクラスの官僚制が実現し、官僚の天国となった。当時高等文官試験があったが、帝国大学卒業生には免除という特典もあった。法学部は、官僚だけでなく、法曹界の人材養成にも効力を発揮した。裁判官、検察官、弁護士がその主要な仕事である。いずれも帝国大学法学部出身者が有利であったが、弁護士（代言人）の世界には私立大学出身者が数多く参入した。明治一〇年代に民権意識の高まりの中で在野的民権法学を教える私立法律学校が相ついで開校した。東京法学校（のちの法政大学）、専修学校（専修大学）、明治法律学校（明治大学）、英吉利法律学校（中央大学）、東京専門学校（早稲田大学）などである。

もう一つの重要な学校群は、軍務人の学校である。富国強兵を目ざす近代日本では、陸海の職業軍人を養成することは、文部省とは別次元の政策課題であった。すでに幕末期に、オランダ軍人による長崎での海軍伝習や、フランス軍人によるはじめ横浜、ついで江戸での三兵伝習が始まっていたが、正規の軍学校は、一八六九（明治二）年に兵部省が創置され、大村益次郎が軍制改革に乗り出したときに始まる。大村は大阪に兵学寮、東京に海軍操練場を設けた。その後大阪の兵学寮は東京に移され、フランス人教導隊が教師となった。幼年学校、士官学校、陸軍大学校へと発展し幹部士官を養成する学校が成立した。一八八二（明治一五）年の陸軍大学校創設時にはフランス人に代わりドイツ人が教官になるというモデルチェンジがなされた。普仏戦争によるドイツの勝利も影響していた。他方、イギリスに支援を求めた海軍では、一八七六（明治九）年創置の海軍兵学校の教師団は全員イギリス人であり、一八八八（明治二一）年に海軍兵学校を広島県の江田島に移した跡地に設けた海軍大学校や、横須賀に設けた海軍機関学校などイギリス人教師によって統一した。陸軍はドイツ、海軍はイギリス方式の軍事教育が体制化した。なお、職業軍人学校については、すでに多くの先行研究が出ているので、本書ではこれ以上深入りしないことにする。

軍学校のほかに、文部省以外の主務省の管理する学校はほかにもある。例えば、船員教育は逓信省の所管であって、はじめ私立の三菱商船学校を官立の東京高等商船学校にしたし、大正期には神戸高等商船学校を加えた。水産教育は、はじめ大日本水産会の設けた水産伝習所に端を発し、一八九七（明治三〇）年に農商務省に移管され、その後も同省の管理は敗戦時まで継続した。

この学校管理権の問題は、文部省と農商務省のはげしい確執を経て、文部省に一元化されたといういきさつがある。そのことが仕事人を育てるという点から見て有効であるかどうかは、今日でも厚生労働省の所管する公共職業訓練などをめぐってなお課題をかかえている。仕事人を育てる学校は文部省による一元的管理がよいか、その仕事人を必要とする担当省が管理経営したほうがよいか、ヨーロッパにはなお主務省管理を継続している国が存在しているという現況を参考にして一考に値する。本書でも後に検討することとする。

# 第三章　仕事人の職業訓練

## 1　戦前・戦後の文教施策

明治維新後の文教政策は、形の上では、第二次大戦の敗北を契機に転換した。以下においては、戦前と戦後に分けて、その転換の前と後について概観してみよう。

**戦前期の文教施策**　日本の近代学校は、その出発点から「立身」を中心的目標にしていた。一八七二（明治五）年の「学制」の頒布に先立ち、太政官は前文に相当する「学事奨励ニ関スル被仰出書」を布告し、また府県ではそれを受けて「就学告諭」を発して地域住民に就学を奨励した。その告諭の数は四〇〇件にのぼると推定されていて、それの研究グループの一員である大矢一人によれば、小学校への就学は「立身」のためであると説いたものが多いと言う（川村肇・荒川昭夫編『就学告諭と近代教育の形成』東京大学出版会、二〇一六年）。ここでいう立身とは、「学問は身を立てる財本」であり、具体的には生業を身につけることであって、福沢諭吉の言う「一身独立」の意味である。

「学制」は、その翌年の「学制二編」、明治一二年の「教育令」、その翌年の改正教育令などにより、西洋をモデルにした各種、各段階の学校が整備され、日本は世界に冠たる学校王国になったことは前述した。その中には、医療や産業や教職や法曹などの専門職業人の学校が含まれていたことも前述のとおりである。

特に、農・工・商の産業人の学校が重視されていたけれども、それのさらなる充実を図ることの必要を痛感した文部大臣が現れた。一八九三（明治二六）年就任の井上毅であって、実業教育という外国語にも訳しにくい独自の日本語を使ってそれの振興策を打ち出したのである。彼の意を継いで、一八九九（明治三二）年の「実業学校令」が制定され、併せて関連法規が整備された。森有礼の帝国大学と井上毅の実業教育は、戦前期の日本教育を特徴づける二大心柱となった。

実業教育の具体的展開は多々挙げることができるが、ここでは工業に関係する手工科と商業に関係する夜学校を例示してみる。

まず手工科について見ると、フランスやスウェーデンにその事例があるため、日本独自のものではない。すでに手島精一は、一八八六（明治一九）年にその紹介をしているし、同年に森有礼の定めた「小学校令」では高等小学校の加設科目とし、その教員を養成する尋常師範学校では必須科目とした。当時の手工は勤労の習慣と手先の使用を形成することにより職業的能力を育てることを目ざしていた。一九〇一（明治三四）年の「小学校令」の改正では、教科としての位置づけを明確にして尋常小学校では図画・唱歌と同列に取り扱い、一九〇三（明治三六）年には必須に近い位置に置いた。高等師範学校の上原六四郎や岡山秀吉は手工科教授法の研究を発表し、岡山は、一九一一（明治四四）年に欧米への視察に派遣されている（『日本近代教育史事典』）。

商業夜学について見れば、大学に昇格する以前の早稲田大学や明治大学などに設けられた商業系専門部では夜間授業を行っていた。大倉喜八郎が私費を投じて設けた大倉商業学校（のち高等商業学校）は、創立の翌一九〇一（明治三四）年には修業年限二か年の夜学専修科を設けて二三〇名の生徒を受け入れた。市民の大学を標榜した大阪商科大学では、その前身校の市立商業学校の時代から市民の商業従事者のための夜間授業をなし、二〇〇九（平成二一）年まで第二部として継続した。その他、市立の横浜商業、下関商業、長崎商業などの名門商業学校でも、夜間速成科とか夜学部を設けた例は多い。商業は、工業や農業に比べると施設設備の活用が容易であった。

**戦後期の文教施策**　第二次大戦後になると、アメリカをモデルにした六・三・三・四の統一学校の原則による教育改革が断行された。それにより、戦前の実業学校は複線型の非民主主義的なものとして批判され、唾棄された。帝国大学も他の大学と同等の位置に置かれた。しかし、先に「形の上」と記したが、日本人の教育観が根底から転換する訳ではなく、姿を変えつつ、戦前の教育が甦《よみが》えった。その代表例が旧帝国大学であって、国民も文部当局者もそれを新制大学の上に置くという意識は生きている。例えば、国立大学の学長会議とは別に旧七帝大の総長だけの会議を持ち、文教政策に発言するが如きである。予算配分において、文部省の対応にちがいが生じる。

仕事人の育成という点から見ると、その後に戦後の教育にいくつもの手直しがなされた。中でも次の三点の施策は重要ではないかと思う。いずれも日本教育の逆コースとして批判された施策である。

その一は、一九五一（昭和二六）年に公布された「産業教育振興法」である。戦後の統一学校の方針のもとで、長期間の平等の普通教育が理想とされた中で産業教育史に期を画する法律であって、それまでの実業教育に代わり産業教育が公用語となった。興味あることに、戦後改革を指導したアメリカ側からネルソンという人物が出て、文部省の職業教育課長杉江清と協力して法案作成に当ったことである。すでにアメリカにはスミス・ヒューズ法（一九一七年）があり、それを参考にした。これに対して教育界から強い反対の声が出た。日本教育学会長の長田新は、日本国憲法や教育基本法と整合しないとし、日教組のリーダー槙枝元文は、企業的・打算的であると、国会の公聴会で批判した。成立した法律では、中学校・高等学校・大学において「農業・工業・商業・水産業」などに従事するに必要な教育を行う、とされていた。

その二は、一九六一（昭和三六）年の「学校教育法」の一部改正である。これにより同法の定める正規の学校であるいわゆる一条校に高等専門学校が加えられた。中学校卒業後の五年制の、高等学校と大学の中間に位置する学校であって、統一学校の原則を最初に打ち破ったことになり、戦後の教育原則の手直しであった。当初から志願者は多く、ロボットコンテストでも有名となった。

その三は、一九六六（昭和四一）年に佐藤内閣の打ち出した「期待される人間像」である。中央教育審議会が三年間にわたる審議の末にまとめたもので、新しい政策が盛り込まれた。「日本人としての自覚」のもとに、「職業の尊さを知り、勤労の徳を身につけた社会人であること」「われわれは自己の仕事を愛し、仕事に忠実であり、仕事に打ち込むことのできる人でなければならない」というような文言が並ぶ。予想されたことながら、これに対して、愛国的企業戦士の養成という批判も出た（辻田真佐憲『文部省の研究』理想社、二〇一七年）。

その後の文教政策は、科学技術振興やキャリア教育の推進などへと展開していくが、ここでは、先に戦前の二つの実践事例として挙げた手工科と商業夜学が、戦後どのようになったかについて触れておきたい。

手工科に代わり、戦後の「学校教育法」では、中学校の教科として「職業・家庭科」が導入された。その後の法改正によって、それは「技術・家庭科」とされた。このうち、手工科の伝統を引き継ぐものは男子生徒のための技術科であるが、金工と木工から出発した手工科に比べると教育の目的や内容があいまいであり、低調である。

戦前には夜間授業が盛んであったが、戦後にも高等学校の定時制や大学の第二部制によって幅広く活性化した。特に、中学校卒業後就職した者を主要な対象にした高校定時制は一時期盛況を見せたが、近年大きく後退した。国公私立の大学で勤労学生に門戸を開放する目的で第二部を設けたところは多いが、それも近年その数を減らした。早稲田大学や法政大学の第二部のごときはその代表格であったが、その後廃止された。

二〇〇六（平成一八）年に、「教育基本法」に初めて改正のメスが入れられ、教育の目標の一つとして「職業及び生活との関連を重視し、勤労を重んじる態度を養うこと」という規定が加えられた。それまでの戦後教育は、この目標が軽視されていて、文教施策にも手薄であった。戦後の学校教育の現況については、第四章で検討する。

## 2　戦前期の学校内実習

日本の近代学校の最大の特色の一つは、学校では学理の授業とともに「実習」を大切にしたことである。そのことの発端は、正規の学校教育が始まる以前にある。先述したオランダ人教師による海軍伝習やフランス人教師による技術伝習などがそれである。維新後には、さらにその範囲は広がった。例えば、一八七四（明治七）年には、文部省はドイツ人ワグネルを教師として、工作と製煉の二科から成る製作学教場を設けたし、大蔵省は簿記法教授のためにアメリカ人シャンドの力を借りて銀行学局を設けた。地方の府県でもこの種の講習所を設けた所は多く、例えば京都府はアメリカ人ウィードを雇って農事講習を開始し、一八七六（明治九）年にそれを農牧学校にした。これらを総称して、学校に先行する実務訓練と呼ぶことにする。

この後、学校が整備されると、学校教育の一環として校内の実務訓練が重視されるようになり、「実習」と称された。東京大学などの理工系学科では実験が重んじられたが、それは当該学問の原理を実証して理解させるためのもので、学問を指導する一部であるために、ここでの実習とは区別する。この実習の事例も多いが、以下に五件だけ挙げてみる。

その一は、工部大学校の実地学である。その校長となったダイアーは、六年間の修学期間を予課学、専門学、実地学に三区分し、最初の四か年の半年間はカレッジで過ごさせ半年間は学生の選択する特定分野の実習にあて、残る二年間は国営工業の現場に出て設計図をまとめさせた。「エンジニアリングの教育は出来るだけ実践的なものにすべきである」というのが彼の信念であった（拙著『ダイアーの日本』福村書店、一九八九年）。彼の学校経営はイギリス本国でも注目される実験的なものであった。そこから、近代日本の工業界のリーダーとなる優秀な卒業生が送り出された。

その二は、東京高等工業学校の現業練習である。一八九〇（明治二三）年に同校の前身校である東京工業学校の校長に就任した手島精一は、数次にわたり万国博覧会へ出張して世界の教育事情に通じていて、日本に「適良の技術者」を育てるために帝国大学とはちがった教育方法を編み出した。その一つが、彼の名づけた「現業練習」であって、卒業後一か年は同校の監督のもとで製造所または実業家について実習させることにし、一八九二（明治二五）年には雑誌にその広告をした。「現業練習ノ事ニ関シ、生徒諸子ニ告ゲ、併セテ卒業生諸子ニ諮《はか》ル」と題した（『大日本教育会雑誌』第一一八号）。しかし、卒業生は収入の確保を急いだこともあって、卒業即入職の道を選ぶ者が多く、在学中の夏季休暇を利用する者はあっても、手島の企図はそのまま実現せずに終わった。しかし、現業練習の重要性についての彼の考えは、その後も変わることはなかった（拙著『手島精一』青簡舎、二〇一二年）。

その三は、師範学校の教育実習である。戦前期の師範学校では、附属学校における教授法の修得が重要視され、それが師範教育の特色の一つとされたことは前述した。その時間数は時代によって変化したが、例えば、一八九二（明治二五）年の「尋常師範学校ノ学科及其程度改正ノ事」を見ると、実地授業と称し、「附属小学校ニ於テ児童教育ノ方法ヲ練習セシム」とあり、最終学年（男子は第五学年、女子は第四学年）において毎週一五時間をあてると定めていた。なお、詳細は、文部省の発行した『師範学校関係法令の沿革』（一九三八年）が参考になる。戦後の教員養成が開放性になると教育実習は大幅に縮小されることになるが、これについては後述する。

その四は、商業学校の行商実習である。江戸時代の近江商人は天秤棒一本の行商で財をなした。その伝統を尊重する滋賀県立八幡商業学校は、一八八六（明治一九）年創立という伝統校であって、はじめ大津に位置し、のち近江商人の発祥地である近江八幡に移された。同校では、早くから独自な教育方法として行商の実習をさせた。当時の県の公報によれば、その趣旨は、「実地の探検に在るは勿論なれども、其直接の目的は生徒をして金銭の貴きを知らしめんとするに在り」、加えてその間接の目的は、「祖先の鴻業に感じ奮起せしめること」にあるとした（『八幡商業五十五年史』一九四一年）。八幡商業と同じ年に開校した伝統校の京都市立商業学校も、八幡商業から転じて第二代校長となった大坪権六は、先任校にならって西陣織物呉服の行商をさせた。そのほか四日市商業など、行商実習の実践例はある。しかし、生徒は行商先で先輩の同情や支援を得たり、収益目的に走ったりして批判が出たため、中止となった。

その五は、農業学校の観察旅行である。農業学校の校内には農産や畜産などの実践農場があり、そこでの実験や実習が重視されていたが、それとは別に土地や気候などの地域差を感得させる旅行が実施された。日本の林学教育の開祖と称される松野礀に学んだ松田力熊は、林学は純粋科学の応用術であって「観察の学問」であるという恩師の教えを、木曽山林学校で実践に移した。一九〇五（明治三八）年の学則改正では、「第二学年及第三学年ニハ学術実地指導ノ為メ修学旅行ヲ課シ林業ニ関スル各般ノ観察ヲナサシム」と定めた（『山霊生英傑木曽山林高等学校創立一〇〇周年記念誌』二〇〇一年）。観察の重要性は、林業だけでなく農業全般について言えることであって、後述する江戸期最高の農業ジャーナリストの大蔵永常のごときは全国各地を行脚して各地の農機具を観察して『農具便利論』と題する名著を出板している。

就職前に、学校において実習させることの重要性は、医療職や教育職において特に重視された。前述したように、この二つの職業は人間の生命や精神に直接向き合うため、事前の実習を欠かせない。医師について言えば、戦前の医学系の大学や専門学校では種々の工夫を重ねてきた。学年の最終段階は臨床実習をメインにし、加えてインターン制によって卒業後も一年間の無報酬の研修を義務づけ、それから医師国家試験を受けさせた。教員については、先述したように教育実習を重視した。戦後の現状については後述する。

これら両職については、興味深いエピソードがある。アメリカで師範学校の創設を提唱したマサチューセッツ州教育長のホレース・マンは、知人の眼科医を例に挙げた。その眼科医がイギリスに留学し名医と評された人物に質問したところ、ここまで来るには帽子一杯の眼球をスポイルしたと答えたというのである。訓練を受けない教師は、教室一杯の魂をスポイルしているのではないか、そのためには師範教育が必要である、と訴えたのである（拙著『教師教育の成立と発展』東洋館出版社、一九七二年）

## 3　学校に準ずる職業系学校

戦前期の日本の学校体系は、普通系と実業系の複線型であって、前者が正系、後者が傍系とされたことについては前述した。

このうち、実業系学校は、一八九九（明治三二）年の「実業学校令」によって法制上固まった。工業・農業・商業・商船・実業補習の五種の学校が正規の実業学校とされた。工業学校の中には徒弟学校を、農業学校の中には蚕業学校、山林学校、獣医学校、水産学校を含み入れた。これより先、一八九四（明治二七）年の「徒弟学校規程」で設けられていた徒弟学校は工業学校の一種とされたが、一九二〇（大正九）年の「実業学校令」の改正によって廃止され、その翌年に定められた「職業学校規程」によって、男子の徒弟学校の多くは工業学校の乙種に、技芸的な女子徒弟学校の多くは職業学校とされた。一九三一（昭和六）年から刊行が始まる文部省の『実業学校一覧』には、工業学校、農業学校、商業学校、水産学校、職業学校に五区分され、それが設置・廃止や学則変更など文部大臣の許認可を必要とする正規の実業学校とされた。

そこで問題にしたいことがある。戦前の日本には、それ以外の、しかしそれに類する実業系の学校が存在していたことである。特に実業補習学校と各種学校は顕著な教育効果を発揮した学校であるので、学校に準ずる職業系学校の代表例として以下にその概要を記すことにする。

**実業補習学校**　一八九三（明治二六）年の「実業補習学校規程」では、「実業補習学校ハ諸般ノ実業ニ従事シ又ハ従事セントスル児童ニ小学校教育ノ補習ト同時ニ簡易ナル方法ヲ以テ其ノ職業ニ要スル知識技能ヲ授クル所トス」と定められた。小学校の延長線上の職業教育機関であるが、「決シテ画一ノ概則ニ循由セシムベカラズ」として、多様な形式の実践を認めた。その規程どおり、実業補習学校の設置は容易であったため、その組織形態もその果たした役割もその後の展開も多様であった。

文部官僚として著名な浜尾新をはじめ、多くの教育関係者がこの学校に期待を寄せた。中でも、東京高等工業学校長手島精一は、その熱心な唱道者であった。彼は万国博への度重なる出張の中で、ドイツの義務補習学校に注目していて、日本にもそのモデルを導入すべきだと主張した。彼は、一八九九（明治三二）年に、自校の附属校として夜間利用の工業補習学校を設け、範例づくりをした。その後も、多数の論説を発表し、ドイツにならってそれを義務化せよと訴えた。それに影響されて、例えば一九二〇（大正九）年創立の広島高等工業学校では、一九二三（大正一二）年には夜間利用の補習学校として広島市立工業専修学校を設けた。

その後、東京のそれは、手島の没後の一九二一（大正一〇）年に協調会に移管され、広島のそれは一九三七（昭和一二）年に広島市工業学校に昇格した。中等の工業学校でも、例えば徳島県立工業学校に工業補習学校を設けるなど、他にもその事例はある。

しかし、皮肉なことに、補習学校が盛況を見せたのは、手島の提唱した工業ではなく農業教育の世界においてであって、この点ではドイツとのちがいとなった。

農業国であった時代の日本の農村では、小学校卒業後に進学する中等教育機関が少なかったため、農業補習学校がその代替的役割を果たした。一九一九（大正八）年の文部省の調査では、実業補習学校数は、農業が八千五百八十校に上ったのに対して、商業は二百二十九校、水産は百三十六校、工業はわずか百三十三校であった（文部省専門学務局『実業補習学校数并経費等ニ関スル調査』一九一九年）。

農業補習学校の多くは、一九三五（昭和一〇）年の「青年学校令」によって、青年学校の中に包摂された。それまでの中途において農業学校に昇格する場合もあった。注目したいのは、農業学校に付設された女子の補習学校が昇格して正規の農業学校となり、共学の農業学校に再編された例の多いことである。例えば、一九二三（大正一二）年創立の広島県立油木農業学校では、「実業補習学校規程」による町立実業学校女子部を町から県に移管したうえ、農業学校女子部にした。その申請書には、「女子ニ農蚕及家事ノ智識ヲ授ケ農村ノ趣味ヲ養フ」ためであって、「農村ニ不適当ナル都市ノ高等女学校ニ入学サセル」よりも良策である、という高等女学校批判の文言が含まれる（文部省簿書「設置・廃止に関する許認可文書」）。

**各種学校**　実業補習学校と同じように都道府県知事の認可を得れば比較的容易に設立ができた各種学校が各地に設けられた。法令による明確な規制がなかったため、学校制度体系の外側に置かれた多種多様な曖昧な学校の総称である。地方や個人はまず各種学校を設け、条件が整備されれば正規の学校として認可を申請するというコースを辿った事例が多い。

土方苑子は、東京都公文書館に所蔵されている明治中期までの各種学校の簿書六〇冊を調査して、ピーク時には六〇〇校を越えたと推則している。「明治中期まではほとんどの女学校は各種学校であった」と言う（『各種学校の歴史的研究』東京大学出版会、二〇〇八年)。その名のとおり、その種類は各種であった。小学校に類するもの、中学校に類するもの、高等女学校に類するもの、実業学校に類するもの、専門学校に類するもの、などである。

そのうち、実業系各種学校には商業分野のものが多い。はじめ簿記の講習所が多かったこともその理由である。嘉悦孝子が、一九〇三(明治三六)年に創立した初の女子商業学校は各種学校であった。土地が狭小であったため、正規の女子商業学校となるのは一九三八(昭和一三)年のことである。ただし、嘉悦はこれとは別に一九二九(昭和四)年には日本女子高等商業学校の設置申請をして認可されている。正規の女子商業学校は名古屋に設けられた二つの学校であって、ともに各種学校から出発している。第一の名古屋女子商業学校は、一九〇七(明治四〇)年に各種学校、その翌年に「商業学校規程」による商業学校に、次の名古屋第二女子商業学校は一九二三(大正一二)年に各種学校、二年後に商業学校となった。ほかにもその例は多いが、大戦末期に男子商業学校が工業学校に転換させられたとき、その代替として女子の商業学校が容認され、それまでの各種学校から昇格する事例が多く見られた。

裁縫や技芸を中心に教える各種学校が職業学校となり、さらに専門学校に昇格した例もある。その代表的なものに、手島精一や鳩山春子らが創立に関係した共立女子専門学校がある。各種学校としての起源は、一八八六(明治一九)年まで遡るが、一九二一(大正一〇)年に職業学校となり、一九二八(昭和三)年に共立女子専門学校となった。一九〇八(明治四一)年に大妻コタカの創設した技芸の各種学校は、職業学校を経て一九四二(昭和一七)年に大妻女子専門学校の認可を得た。ほかにも、和洋女子学院もその例である。産業分野に限らず、日本の女子教育全般に果たした各種学校の役割は大きい。

敗戦後の教育改革で、すでに青年学校に包摂されていた実業補習学校は姿を消したが、各種学校はその便利さゆえに生き残った。一九四七（昭和二二）年の「学校教育法」では「公の性質」をもつ学校（いわゆる一条校）とは別に、第八三条で、「第一条に掲げるもの以外のもので、学校教育に類する教育を行うものは、これを各種学校とする」と定めた。ただし、文部省以外の省庁所管の学校は含まれない。文部省はその翌年に各種学校の認可基準を定め、二人以上の教員と二〇人以上の生徒を最低条件とした。その後一九五六（昭和三一）年には文部省令によって「各種学校規程」を定めて法整備をした。その学校数は一時は八千校に達したが、各種学校の地位向上の要望の高まり呼応して、一九七五（昭和五〇）年に各種学校の一部を専修学校にする法案が国会で成立した。

現行の「学校教育法」では、一二四条に専修学校、一三四条に各種学校の規定があり、専修学校は中学校卒業者を入学させる高等専修学校と高等学校卒業者を入学させる専門学校に二区分された。その後、高等学校への進学率が九〇％を越えると後者の専門学校の人気が高まり、国民皆学となった高等学校からの入学生が増加した。そこでは多様な職種の専門教育がなされている。

近代日本は、世界に冠絶する学校王国となったことは繰り返し述べて来たけれども、その学校は法規に縛られた固い殻の中に置かれていたにもかかわらず、その周辺には、いわばマシュマロのように学校に類する多様な学校が取り囲んでいて、相補いつつ仕事人の教育をした。専修学校については後述する。

## 4　企業内職業訓練

日本の企業内職業訓練の発端は、一八七〇（明治三）年に創置された富岡製糸場における工女養成ではないかと思う。日本には、「糸繰る女、機織る女」という古くからの歴史があって、親や近隣の達人がその技を伝承させていた。それが新政府の公的事業として始まったのである。そこでは、機械製糸技術の伝習という形で工女養成が開始した。当時の輸出品としてトップの座にあった生糸の製法技術を、四人の女性を含む一一人のフランス人教師を雇い入れて工女に伝習させた。その事務統轄者は大蔵官僚時代の渋沢栄一であり、初代所長は渋沢の従兄弟の尾高惇忠であった。最初は工女の人集めに苦労し、尾高は娘を工女第一号にしたが、その後は順調に進行した。尾高は、入所者に、「繰婦勝兵隊」と揮毫して工女を激励した。繰婦は兵隊に勝るという意味である。

繊維産業は綿糸業に拡張し、大規模な紡績工場が次々に誕生した。貧しい農村の少女が身売り同然に雇われ、いわゆる「女工哀史」の弊害も生まれた。経済学者の猪木武徳がタイを視察したとき、現場で働く労働者の九割近くが初等教育四年の学歴で、基礎的な読み書きと四則計算ができれば、入職後の訓練で十分な技能形成ができることを検証したと言う（『増補学校と工場』筑摩書房、二〇一六年）。日本でも初期の企業内職業訓練はこれと似たものであった。

しかし、機械工業の進歩など産業構造が変化し始めると、企業はより高度の熟練者が必要になり、企業内訓練に変化が生じた。その変化は大きく見て次の三段階に分けられる。

第一段階は、企業内訓練に教育を加える企業内学校が生まれたことである。例えば、造船の三菱では、早くも一八九〇（明治二三）年に長崎造船所の工場内に見習職工制を設け、一八九九（明治三二）年には三菱工業予備学校において熟練工養成を開始した。織機から自動車へと展開したトヨタでは、創業者豊田佐吉の人づくりを重視する精神を引き継いで、社内研修体制に工夫を重ね、職層職階別の在職技術者の技術向上のために、課長、工長、組長、班長、一般社員という階層間で二級上の者が二級下の社員を育てるという独自のシステムを作り上げた。加えて中等レベルの教育を行なうトヨタ学園では基礎学力の形成をしたりした。

戦後になっても、例えば、自動車のマツダでは、新入社員の職場研修に加えて、一九八七（昭和六二）年には中堅技能者養成のための技術短期大学校を設け、二年以上の経験者または新規高卒社員を入学させた。経験者入学のコースでは、二〇～二四歳の者を対象にして、短大を卒業すれば元の職場に戻し三年間は大学卒業者並みの待遇をした。

第二段階は、企業内での学校が不可能な場合に、企業と学校が連携して、社員の技術向上を図った例がある。その先駆は、手島精一が東京商業会議所会頭中野武営と協議して一九〇五（明治三八）年に開始した「適材教育」ではないかと思う。手島の門弟今景彦が校長をつとめる東京府立職工学校で実施された。芝浦製作所、石川島造船所、東京瓦斯株式会社、青木染工所がこの企画に参同し、企業の負担で当該工場の職工の中から適材者を選び、一年間、一週二回、一日三時間の授業を受けさせた。一九一七（大正六）年まで継続し、三〇〇人の修了生を出したという。企業内訓練という独自な訓練というより企業と連携した補習教育の性格を持っていた。

戦後の定時制高校の普及もこれと似ていた。第二次大戦後に迎えた高度経済成長の時期に熟練労働者の供給が間に合わず、いわゆる「金の卵」として中学校卒業者を大量に採用せざるを得なくなった。企業は、彼等の基礎学力の不足を補足するため、企業の負担で夜間の定時制高校の支援を求めた。高等学校だけでなく、大学も夜間部とか第二部とかを設け、昼間勤労する学生を受け入れた。高校入学者が増加し、高校全入時代を迎えた今日、企業は高校卒業者を採用するようになると定時制高校は新たな課題をかかえることになる。

第三段階は、世界の競争国における技術革新が進む中で危機感を抱いた日本の企業が、文部省の大学にできないより有能な技術者を育てるために、企業立の大学を設けたことである。その代表格が一九八〇（昭和五五）年に設立された豊田工業大学である。トヨタが創業者の精神を引き継いで企業内訓練に独自の工夫をしたことは先述のとおりであるが、その精神で先端的大学を創設したのである。実務経験者を積極的に受け入れ、「学外実習」を重視する独自なカリキュラムを組み、初年度には各企業から推薦された三八八名の志願者のうち三八名を入学させた。少数精鋭の実務経験者を創造的で実践的な開発型技術者に育てることを目ざした。トヨタ系の九社の出資により奨学会が設けられ、月額六万円（うち半額は貸与）を給付した。この大学の創設はマスコミの注目を集め、その後成果を収めて、『週刊東洋経済』が毎年発表する『日本の大学ＴＯＰ一〇〇』には、一〇位以内の上位にランクづけされている。この大学は、企業内職業訓練の域を越え、その延長線上にあるとはいえ、もはや学校教育の一部となっている。

ここでつけ加えておきたいことがある。戦前において繊維系の企業が女子社員のための女学校を設けたことである。その先駆は武藤山治の設けた三校（私立鐘紡兵庫女学校、私立鐘紡高砂女学校、鐘紡実科女学校）である。その中心となった兵庫女学校は、一九〇七（明治四〇）年に創設され、文部省の『各種学校台帳』によれば、本科四年、幼年科六年、専科三年の長期間の学校であって、労働時間の軽減と夜業を免除して、一二歳から一四歳未満の労働時間を一般女工の半分にした。

武藤のこの実践に刺激を受けた郡是製糸の波多野鶴吉は、郡是女学校を設け、川合信水を校長に迎え、キリスト教主義の教育をした。一九二三（大正一二）年の学則を見れば、校名は静修学院で、工女養成科（四か月）、教婦養成科（六か月）、師範科（一年）の三科編成、生徒はすべて無料の宿舎に入れ、授業料や入学金は免除、教科書や学用品は給付または貸与という条件で、地元で人気を博した。普通教育の補習のほかに実習を加え、工女や教婦を自前で育てたのである。

## 5　公共職業訓練

大きく見ると、戦前は農業分野で、戦後は工業分野で、文部省以外の省による公共職業訓練が行われた。前者は農商務省が、後者は厚生労働省が管理した。

一八八一（明治一四）年に農商務省が創置されると、学事行政の権限をめぐって文部省と対決した。後述するように太政官の裁定で一応は文部省に軍配は上がったけれども、農商務省は農業分野における自らの役割を放棄することはなかった。一八八五（明治一八）年には、「農事巡回教師設置要項」を定め農民の指導をした。甲・乙の二部に分け、甲部は農商務省の局員、乙部は各府県の老農を教師にした。その後も各種の講習事業によって学校の手の届かないところは農商務省が補った。

特に、一八九三（明治二六）年の「農事試験場官制」とその翌年の「府県農事試験場規程」により農事講習を開始して、これを当事者団体である農会が協力したことは重要である。手打明敏は、島根など四県の農事講習会の実態を調査し、農村の中に学校教育とも農民教化ともちがう農民の学習活動の場があったと言う。島根県では農事試験場の中には農事講習所が設けられていて、およそ一〜二週間の日程で県の農事試験場の職員や郡農会の関係者が講師をつとめた。明治二八年ごろから始まり、明治末年までに九〇回を重ねたと言う（『近代日本農村における農民の教育と学習』日本図書センター、二〇〇二年）。その後、多くの府県では農事講習所は農学校の開設に伴ってその中に吸収されたが、島根県では農事試験場と農学校は併存し、試験場の教育事業（見習生・実習生・研究生の制度）はそのまま継続した。

蚕糸業も農商務省の所轄であった。一八八七（明治二〇）年に蚕業試験場を設け、一八九六（明治二九）年には蚕業講習所につなげた。中学校卒業後三年間の専門学校水準の講習所であって、一九一四（大正三）年に東京高等蚕糸学校に昇格した。京都にも同じ水準の蚕業講習所が設けられていたので、同年東京と併せて文部省の高等蚕糸学校となった。問題はこれらの学校では、それまでの講習所事業をエクステンション（学校拡張）として継続したことである。本科・別科のほかに各種の講習生を育成した。例えば、昇格前の蚕病消毒法講習、フォルマリン検定法講習、製糸短期講習などであって、所管は文部省に代わっていた。

水産業もまた農商務省が管理していた。水産業ははじめ大日本水産会による伝習から始まったが、一八九七（明治三〇）年に農商務省所轄の水産講習所が設けられた。一九〇一（明治三四）年に文部省により「水産学校規程」が定められると明治期に七校の水産学校が設けられ、それまでの講習事業を継続した。そのトップ校である福井県小浜水産学校では、漁村での地方講習会を行い、一九一六（大正五）年の報告では、「其回数二十九、修了生通計千三百七十三名ニ及ベリ」とある。なお、農林省水産講習所は水産関係の専門教育機関として存続し、それが文部省所轄の東京水産大学になるのは、第二次大戦後のことである。

広義に解釈すれば、公共職業訓練には、上述のような学校のエクステンション事業も含めることができるが、その事例として注目したいのは、私立の東京農業大学の場合である。元々は大日本農会の支援によって開校した大学であって、その学長をつとめた横井時敬は多種多様な形の大学拡張を進めた。中でも有名なものは在京の農村出身の兵士に農業の大切さを忘れさせないことを目的にした農事軍隊講習である。この種の講習は農業以外の世界にも数多くの事例があり、挙げはじめたらきりがない。

第二次大戦後になると、工業の世界の公共職業訓練が活況を見せた。すでに戦前において失業者対策のため、一九二三（大正一二）年に東京に「職業補導講習所」が設立されるなど職業補導の先例はあり、戦後にも「職業安定法」により引き継がれていたけれども、一九五八（昭和三三）年の「職業訓練法」は技術者養成の点で一大転機となった。当初は主として中学校卒業者を対象としたが、一九六九（昭和四四）年の同法改正以後は高卒者を対象にして技術訓練の機会を与えることに変わった。一九七八（昭和五三）年の法改正によって、東京に初の職業訓練短期大学校が設けられたのを皮切りに、全国各地に短期大学校の設置が進んだ。

一九八五（昭和六〇）年に「職業訓練法」に代わって「職業能力開発促進法」が制定されると、職業能力開発という新しい言葉が公用語となり、「労働者に対し、職業に必要な高度の技能及びこれに関する知識を習得させるための職業訓練」を行うことになった。これを受けて、一九九九（平成一一）年には職業能力開発大学校が誕生し、「公共職業訓練その他の職業訓練の円滑な実施その他職業能力の開発及び向上の促進に資する」ための「職業指導員」を養成することを主要な目的とした。厚生労働省の管下の雇用・能力開発機構に属し、その他の施設を含めて公共職業訓練に対して大きな役割を果たしているので、その現状と問題点については次章で述べることにする。

# 第四章　現代社会の仕事人育成

## 1　学校教育の現状と課題

戦後になって、文部省（のち文部科学省と改称）は、『学校基本調査報告書』と題して学校の統計を公表し、加えて二〇〇一（平成一三）年から『文部科学白書』（以下『白書』と略称）の刊行を始め、文部省の施策を分かりやすく公報している。その『白書』の創刊号では、戦後の教育を四期に区分している。第一期は、一九四五（昭和二〇）年から五二年までの教育改革期、第二期は、一九五二（昭和二七）年から七一年までの戦後改革手直し期、第三期は一九七一（昭和四六）年から八四年までの新しい教育問題への対応期、第四期は一九八四（昭和五九）年以降の臨時教育審議会による教育改革検討期である。

戦後と言ってもすでに七八年を迎えた。戦前期に匹敵する長期である。戦前期は明治維新を契機にして、日本教育を近代化する激動期であった。戦後期はアメリカ占領下の教育民主化の時期であって、敗戦直後の基本原則を守りながらそれを手直ししつつ問題を解決する平静期である。前者は動、後者は静のちがいが出た。

戦後の日本は、アメリカをモデルにした四大基本原則を採用した。上記『白書』によれば、その一は、「人格の完成」という教育理念、その二は、教育機会の均等と男女平等、その三は、民主的な単線型学校体系、その四は、六・三制の義務教育。これが四大原則であり、「教育基本法」に盛り込まれた。

この原則は、軍国主義によってゆがめられた戦時期の教育を体験した日本人にとっては、まさしく光明であった。先ごろ筆者の属する地域の教育学会では、「教育の再生」というテーマのシンポジウムを開催した。筆者はフロアから、再生というのはどこに戻るのですか、何をルネサンスするのですかと質問したところ、スピーカーたちの返答は、戦後の一時期の、自由で開放された教育にノスタルジアを抱いていることが分かった。

七七年の長期に及ぶ現代日本の教育には目を見張る成果があった。その最大の成果は、就学率の向上である。近代日本は学校王国となったと前述したが、その学校はそこに集う生徒や学生で満たされた。六・三制の義務学校は難なく実現した。戦後の貧しい生活の中から国民は中学校を設けることに奮起した。さらに、その上の高等学校も、そしてその上の短期大学や大学への進学者は年ごとに増加を続けた。戦前の学校王国は、戦後に学校天国となったのである。「日本国憲法」に定める「教育を受ける権利」という理念は、できるだけ長期間、できるだけ同一の教育が国民の権利であるというように解釈され、学校への進学率の向上に拍車をかけた。

今日、高等学校への進学率は九〇%を大きく上回り、高校全入の時代を迎えた。短期大学・大学の進学率は五〇%という驚異的な数字に達している。この二つの数字は世界のトップレベルである。

何のために学校に行き、そこで何を学ぶのかと問い返してみると、二〇一四(平成二六)年の文部省の『白書』の章の見出しの次のような言葉に行きあたる。「世界トップレベルの学力と規範意識等の育成を目指す初等中等教育の充実」「新たな知と価値を創造・発信する高等教育に向けて」等々である。明らかに、初等から中等に至るまで「知」

が重視されていることが分かる。その知とは「学力」とも言いかえられる。その評価は試験であり、大学入試では、理・数・英・国という主要教科の試験結果で合否の判定がなされる。その試験には、知識量だけでなく、応用力や創造力などの評価を入れ込むことが求められているが出題者には難事でなかろうかと思われる。

そこでさらなる疑問が生じる。「知」とは何か、「学力」とは何か、という問いである。ノーベル賞級の科学者を生み出すには、誰にも真似のできない特別の知が必要であろうことは想像に難くない。しかし、これほど大衆化した学校における一般人の知とは、大学入試に求められる知でよいであろうか。筆者は大学の教員として入試の判定に携わったことがあるが、トップレベルの合格者は別にして、合否のボーダーには一～二点の僅差の者がひしめいている。そこで合格した者は自信を抱くであろうが、不合格となった者のその後の人生に何らかの影響が出るのではないか、と恐れを抱いた経験がある。そもそも学校、特に大学は知の殿堂と呼んでよいものか、と思うのである。知は、それを生かして使うことに価値があると考えると、仕事への連結が重要になってくる。近代日本の教育家たちはその信念から種々の工夫をしてきたことについては先述した。

すべての国民は教育を受ける権利があるという思想のもとで、戦後日本の学校教育は世界に類例のない規模にまで量的な拡張をしたが、この光の部分には影のあることを見忘れてはならない。それは職業教育の不振である。二〇〇九（平成二一）年に出たＯＥＣＤの報告書では、日本の学校教育は職業世界への対応において世界の中でも著しくおくれていると報じている。このことは、戦後の教育改革のモデルにしたアメリカ側からも早くから指摘されていた。一九五〇（昭和二五）年に来日した第二次教育使節団は第一次教育使節団の報告書の手直しを勧告し、その翌年には対日工業教育顧問団が工業教育の振興を提案していた。前述した一九五一（昭和二六）年の「産業教育振興法」

は、アメリカ側の支援もあって成立した。この法律は、「生徒又は学生等に対して、農業、工業、商業、水産業その他の産業に従事するために必要な知識、技能及び態度を習得させる目的を以て行う教育」と規定し、対象となる学校として、中学校、高等学校、大学を措定している。

「産業教育振興法」には、戦後改革の四大原則を支持する側からの強い反発があったし、それを受けとめる側にも若干のためらいもあった。この法律を契機に設けられた日本産業教育学会のリーダーたちは、高等学校の技術教育段階までと受けとめ、大学へと拡大をしなかった。戦後の総合制高校の原則のもとで、普通科と職業科が平等に扱われたことも一因であって、その後の職業科の凋落を予想することができなかったからであろう。

職業教育の軽視というこの影の出現は、戦後改革の四大原則に起因していた。大きく見て五点の原因が考えられる。

その一は、長期間の平等の教育ということになれば、普通教育が中心になり、職業教育はその後まわしとなる。

その二は、普通教育が中心となれば、主要教科の学力形成が重視される。そのため偏差値と、それを参考にした入学試験への対応が学校教育の最大の関心事となる。

その三は、受験競争が激化すると教育格差が生まれる。生活にゆとりのある親は、子どもの幼少時から塾に通わせ、有名校への進学を目ざすようになる。有名校を卒業すれば学卒人材として有利な職業が得られると期待するからである。

その四は、その結果として、高校教育の普通教育化が進展する。高校卒業者の半数が進学する大学の入試には、職業科より普通科が有利だからである。

その五は、大学もまた平準化と画一化が進んだ。戦前の帝国大学や官公私立の大学に加えて、戦前の専門学校も、同じ設置基準によって画一化されたため、学術の「蘊奥」を極めることを目ざした帝国大学をモデルにするようになって、かつての専門学校が発揮した独自性が失われた。同一規準の教養課程のごときは横並びの典型例であった。

文部省も無為無策に打ち過ごしたわけではなく教育改革の楔を打ち込んだ。その施策にはうまく運んだものと、そうでなかったものがある。その成功的事例としては高等専門学校の設置を、その失敗的事例としては高等学校の改革に注目してみよう。

高等専門学校の設置は、一九六一（昭和三六）年の「学校教育法」の改正によって、一条校の中に含み入れられたことによる。これにより、それまでの単線型の教育体系の中に中学卒業後五年制の一貫校が加わることにより、戦後教育の手直しがなされた。そこでは、「専門的・実践的な技術者教育」が行われた。当時これに反対する声もあったが、教育経済学者の矢野真和はその成果を評価している。氏によれば、一五歳での進路決定のむずかしさ、実験・実習の重視によるカリキュラムの過密さなどに問題はあるものの、「現在の大学教育を考える上で有益な視座を提供している」と言う（矢野真和ほか編『高専教育の発展』岩波書店、二〇一八年）。

当事者である国立高等専門学校理事長河野伊一郎の言によれば、二〇〇四（平成一六）年現在、学校数五五校、学生数五万人、教職員数六千人に達し、「日本で最大級の規模をもつ高等教育機関」となり、高い求人倍率に示されるように社会から大きな期待を寄せられていると言う。学生は、「入学当初より勉学の目的意識を明確にもっており、勉学意欲は旺盛である」と自賛している（荒木光彦監修『技術者の姿』世界思想社、二〇〇七年）。しかし、文部省の直近の『白書』を見ると、学校数は五七校であって、期待したほどの増加は見られないし、五年修了時の就職者は五九％にとどまり、三九％は大学工学部などに進学していて、完成教育機関としての性格を薄めている。

高等学校の職業科は、文部省の振興策にかかわらず、萎靡振わず、低落状況にある。近年の高等学校への進学率の上昇には目を見張るものがあり、九〇％を大きく越えるという驚異的な現象を呈した。しかし、それは普通科高校の拡張であって、農業、工業、商業、水産、家庭、看護、情報、福祉の八科を主専攻とする職業高校の入学生は年々減少し、二〇二〇（令和二）年現在高校入学生に占める割合は一八％まで落ち込んだ。しかも、その一八％の入学者のうち、二〇％は大学に進学し、高校卒業者の就職率は五四％にすぎない。残る二一・七％は後述する専門学校に進学して、職業高校を出たにもかかわらずそこで職業への準備をするという奇妙な現象が生じている（『白書』二〇二〇年度）。

文部省もこの動向に早くから気づいていて、一九五九（昭和三四）年には中央産業教育審議会に諮って、「高等学校における産業教育の改善について」と題する報告書を発表した。戦後教育改革において総合制の原則を適用した結果として職業科が弱体化したことを認め、「職業課程の新設、普通課程の職業課程への転換などの措置によってこれが増設を図り、産業界の各分野の要求に対応する中堅産業人を計画的に養成することが必要である」としたけれども、高校の普通化への動きに歯止めをかけることはできなかった。一九九三（平成五）年には、高等学校の設置基準を改正し、新たに総合学科を設け、それまでの普通科と職業科の中間領域としての第三の学科としたけれども、その中途半端な性格のゆえに高校生の人気を得ることはできなかった。

大きな課題を残しつつ現在も進行中の教育には大学教育がある。問題の多かった教養課程については、一九五六（昭和三一）年の「大学設置基準」の省令化と、一九九一（平成三）年にそれの大綱化によって、一般教育と専門教育の科目区分が廃止されて、大学の自主的な判断が可能となった。その後の文部省が力を入れたのは、一つは科学技術振興教育であり、その二は専門職大学院である。

第一の科学技術教育の振興のために、文部省は重点的大学を指定し予算配分で優遇している。二〇一四（平成二六）年には、スーパーグローバル大学創成支援事業を開始し、タイプA一三校タイプB二四校を指定した。タイプAは、「世界ランキングトップ一〇〇を目指す力のある大学」を条件に、国立の有名な大学に加えて、早稲田や慶応の私立大を含めている。近年の大学ランキングを見ると、東京大学や京都大学はトップ一〇〇の中にランクインされているものの、精華大学ほか中国の大学の進出が目立っている。文部省のこの方向の改革の成果は今後を待つべきであろう。

第二は、専門人材の育成のために大学院の充実を進めている。法科大学院と教職大学院が特に重要視されている。法科大学院は、司法試験と司法修習を有機的に連携させることを目ざし、二〇〇四（平成一六）年に創設された。現在三五校が設けられていて、二〇二二（令和四）年の新聞報道によれば司法試験の平均合格率は四五・五％となっている。入学志願者数も合格者数も当初の予想を下回っていて、文部省の二〇二〇年度の『白書』には「引き続き法科大学院教育の充実を図るとともに、予測可能性の高い法曹養成制度を実現し、新たな制度の下、法曹を志す誰もが、プロセスとしての法曹養成制度を通じて、質の高い法曹となる途を確保していきます」と記していて、なお課題の多いことを認めている。

教職大学院は、戦後教育改革の構造的問題を含んでいるため、さらに困難を伴う。教育について考える筆者にとっては、教育職の現状と課題は重要な関心事であるので、ここで若干の言及をしておきたい。

森有礼によって創り出された戦前の師範教育の体制は、敗戦後その処置が一つの重要な難題となった。アメリカ教育使節団の報告書はすべての教員に教員としての専門教育の必要を認めたが、日本側では師範教育に対する批判の声が強く、旧師範学校を学芸大学にしてその教育内容の幅を広げるとともに、一般大学の卒業者も所定の課程を修了すれば教員になれるという、いわゆる開放制の原則を採用した。教員養成を目的としない大学では、文部省の課程認定を受けた上で、免許法に定める最低基準の単位を取得させて教育界に送り出してきた。そのため専門職性の乏しい教員が誕生して、デモ、シカ教員と呼ばれる時代が訪れた。師範教育で重視された附属学校での教育実習は、母校に帰ってわずか二週間の実習ですますことができるという安直さである。

その後、文部省は、学芸大学や学芸学部の「学芸」の呼称を「教育」に変えたり、教育実習の単位数を増やしたりするなどの手直しをしたけれども、膨張を続ける学校の教員を確保することに精一杯であり、専門職性の向上には手が回らなかった。戦後における教員養成施策の混乱を筆者は身をもって体験したことがある。

その例が広島大学教育学部である。敗戦前には、明治初年の官立師範学校の系譜に属する男女の師範学校、明治期に東京に続く第二の高等師範学校、昭和初期に東京と同時に昇格した文理科大学、敗戦直前に設けられた青年師範学校と東京と奈良に続く第三の女子高等師範学校の六校の官立師範学校が存在していた。戦後の大学改革では、帝国大学の存在しなかった広島では一県一大学の原則によりこれらの母体校は教育学部として一まとめにされた。新制大学の当事者たちは、教育目的やスクーリングのちがうこれら六校の再構成に苦脳し、今もその苦脳は続いている（拙著『日本師範教育史の構造』東洋館出版社、一九九一年）。九校ある附属校は、本来の目的とされた、実験・模範・実習の役割を失って、進学校と化している。

今日の教職大学院は、四六道府県に五四校が設けられていて、今や全国規模となった。直近の『白書』によれば、「新人教員の養成と、地域や学校における指導的役割を果たし得る教員等として不可欠な確かな指導理論と優れた実践力・応用力を備えたスクールリーダーとなるような現職教員の養成を目指して設立されました」とある。現職教員を主たる対象者とすれば、教育学部に学ぶ現職学生をどうするのか、医療職のための医学部とのちがいが出る。ちなみに、医療職に対しては医学教育、歯学教育、薬学教育、看護教育のそれぞれに「モデル・コアカリュラム」が示されていて、医学部、歯学部、薬学部、看護学部での臨床教育を充実させている。

## 2 職業訓練の現状と課題

戦後の文教政策は職業教育への配慮が薄かったけれども、その政策を内からと外から打ち破る力が生まれた。文部省所轄校の内部からは、教育の対象となるはずの生徒や学生からの要求力であって、文部省はそれの後追いの形となった。外からは、文部省以外の省からの補足力である。前者の事例としては専修学校の盛況があり、後者の事例として公共職業訓練の実践があると思う。

**専修学校**　戦前期から日本には各種学校と呼ばれる簡易な学校があった。比較的簡単に設置できる利便性が高かったので、広範に普及し、正規の学校の周辺で、学校の補完的役割を果たしたことについては前述した。一旦各種学校として道府県知事の認可を得た上、学校としての条件を整えれば、文部大臣の認可を受けて正規の学校となるということで学校設置の予備的役割を果たすことも多く見られた。

戦後になっても各種学校は存続し、現行の「学校教育法」では、第一三四条に「第一条に掲げるもの以外で学校教育に類する教育を行う学校」を各種学校と称している。一条校とは、「幼稚園、小学校、中学校、義務教育学校、高等学校、中等教育学校、特別支援学校、大学及び高等専門学校」を指していて、現在では文部省は一条校の呼称は使わなくなっているけれども、一条校と非一条校の区分は分かりやすい。その非一条校の中に各種学校が含まれ、一九七五（昭和五〇）年の同法の改正で、新たに第一一章（一二四〜一三三条）で各種学校とは別に専修学校の条文を入れた。その規程では、「職業若しくは実際生活に必要な能力を育成し、又は教養の向上を図る」ことを目的とする学校をさし、三種の課程に分けた。第一は、中学校卒業以上の者のための高等課程、第二は、三年制以上の高等学校または高等専修学校卒業以上の者の専門課程、第三は、入学資格に制限のない一般課程である。前二課程は修業年限一年以上、年間授業時間八〇〇時間以上、常時四〇名の在学生、というのが認可の条件であった。

この三種の専修学校のうち高等学校卒業者を入学資格とする専門課程をもつ専修学校は、専門学校と称することができ、現在では専門学校の呼称が一般化している。二〇二〇（令和二）年現在、生徒数六〇万人、一八歳人口の二四％という驚くべき比率になっている（『白書』二〇二〇年度）。高等学校や大学の職業教育の不振を代替し補完していると言えよう。

専門学校の学科は、工業、商業実務、農業の産業系学科のほかに、医療、文化教養、衛生、教育・社会福祉、服飾・家庭を加えた八科から成り、幅広い職業教育機関の色合いが強い。すべては入学者の選択によるのが特色であって、二〇一五（平成二七）年の統計では、工業が一位で四七九校、文化教養が三八九校、商業実践が三六八校、医療三五八校（以下略）となっている。

この専門学校は、下から湧き上った陽炎のようなものである。社会の変化に対応して実践的な職業教育を行う、学校に類する教育機関であって、戦前からの各種学校に類似している。それの異常な発展に対して、文部省は支援の手を差しのべた。文部大臣の認定を受けた専門課程を修了したら大学院入学の資格を与えたり、日本学生支援機構からの奨学金貸与の便宜を与えたりしている。さらに、二〇一四（平成二六）年からは、企業等と連携して、実践的な職業教育の質の確保に取り組む専門学校の専門課程を「職業実践専門課程」と認定し支援することにした。二〇二一（令和三）年現在、その認定を受けた学校数は千七〇校、三千一四九学級を数えている。

早くから、この専門学校に注目していた教育学者がいた。それは倉内史郎であって、「新しい学校の出現」とか、「新しい高等教育の道」とか「新時代の職業教育への予兆」とかの評価をしている（『産業教育学研究』第三〇巻二号、二〇〇〇年）。今や大学や短期大学に代わる職業教育機関の役割を果たしていることは確かである。この専門学校の内部では一条校化の希望が出ていると聞くが、これだけ多様な職業ニーズにこたえる教育機関に法的な規制をかけて画一化する必要はないのではないか、と筆者は思う。学校というより職業教育の場としての役割を重視するからである。

**公共職業訓練校**　戦前期には、特に農業分野で公共の職業訓練が盛況を見せたこと、戦後になり、失業者対策の職業補導を端緒にして職業訓練法から職業能力開発促進法へと展開したことについては前述した。一九五八（昭和三三）年の「職業訓練法」により「労働基準法」の技能者養成規程と「職業安定法」による職業補導事業が一本化されたことは重要である。同法の目的規定では、「労働者に対して、必要な技能を習得させ、及び向上させるために、職業訓練を行うことにより、工業その他産業に必要な技能労働者を養成し、もって職業の安定と労働者の地位の向上を図ると共に、経済及び社会の発展に寄与する」とあり、まことに高邁な産業教育観を打ち出した。その後の法改正により、生涯職業訓練の理念を打ち出したり、養成訓練の高度化と能力開発訓練の多様化を進めたり、職業訓練の短期大学校を設けたりして、一九八五（昭和六〇）年の「職業能力開発促進法」の制定に至った。いずれも、文部省ではなく厚生労働省の施策である。

「職業訓練法施行規則」によって短期大学校が設けられ、その後大学校や総合大学校が設けられるなどして教育訓練機関の整備が進んだ。その現状について、それらを所管する厚生労働省の独立行政法人高齢・障害・求職者雇用支援機構（以下機構と略称）に情報の提供を求めたところ、公共職業訓練部大学課から丁寧な回答を得たので、以下にその概要を紹介する。

機構の管理するポリテク・カレッジは全国に二四校ある。二年制の専門課程一二校と、二年制の応用課程一二校から成っていて、前者は短期大学校、後者は大学校と称している。後者の職業能力開発大学校は、全国を一〇ブロックに分けて各一校、それに附属する短期大学校は一二校である。これに加えて、東京都小平市に職業能力開発総合大学校が一校設けられ、「公共職業訓練その他の職業訓練の円滑な実施その他職業能力の開発及び向上の促進に資するため、「職業訓練指導員を養成し、又はその能力の向上に資するための訓練」をなすことを目的にした。

筆者の住む中国地方には、倉敷市に大学校が、島根県江津市と広島県福山市に短期大学校がある。筆者は、福山の短期大学校を訪問してみたところ、生産技術科と電子情報技術科が各二五名、電子エネルギー制御科が二〇名という少人数の編成で専門的力量を身につけさせるため、地元企業にも厚く信頼され、高校生の人気も高いことが分かった。二年を修了すると三割の卒業生は系列の大学校に進学している。

総合大学校は、防衛省所管の防衛大学校や国土交通省所管の気象大学校や厚生労働省所管の国立看護大学校などと同じように、文部省所管の大学とはちがった特色ある職業教育をなしている。職業能力開発総合大学校の場合、機械、電気、電子情報、建築の四科で構成され、卒業すれば、テクノインストラクターの資格のほか、生産技術という学士号を取得できて、大学院への進学の道が開かれている。

以上は機構の管理する大学であるが、このほかに県の管理する職業能力開発短期大学校が一五校あって、例えば広島県立技術短期大学校はその中の一校である。また都道府県の設置する中卒・高卒・離職者を対象とする職業能力開発校が全国に一四八校ある。うち一校は市町村立である。

ここで筆者が注目したいのは、公共職業訓練は、文部省の大学とはちがった独自な教育論に支えられている。機構の管理する職業能力開発大学校と短期大学校を総称してポリテク・カレッジと呼んでいるようであるが、そのカレッジからは『仕事を学ぶ』というテキストが発行されている。編者は、この世界のオピニオンリーダーで、職業能力開発総合大学校名誉教授の田中萬年氏であって、二〇〇四（平成一六）年に発刊している。本書の冒頭に、田中氏の教育論に注目したいと記したので、以下にこのテキストの中の名言を引用してみたい。筆者のような教育学を専攻すると自称する者には適否に疑問はあっても、むしろ驚きの言辞が多い。

「教養という言葉の意味する内容は、その昔、働かなくてもよい貴族や武士などが学ぶものとされてきたものを、明治期に整理して造られた言葉なのです。すなわち、働く人を想定した学習ではなかったのです」（はじめに）。

「（学力とは）〝記憶〟の優劣を競っているに過ぎません。創意工夫や器用さや、経験といった〝日常の生活や家業を処理する才覚〟は〝学力〟には現れないのです。つまり、生きる知恵は測れないのです」（四二頁）。

「わが国の若者は高学年になるに従い、職業観が希薄になる傾向が強いようです。つまり学校教育によって若者は職業観を持てなくなっているのです。将来の職業観が育たない学校教育の目的とは何かが問われています」（五四頁）。

「何よりも人として生きることは、人として自立した生活が出来てこそ認められます。自立するためには、責任の取れる仕事に就いていなければやはり認められないことになります」（七三頁）。

「人と動物との差異は、人が仕事をすることでした。つまり、働くことです。単に働くことではなく、人として働くことです。その仕事の意味は社会とつながることです。社会的に有用な仕事を〝職業〟といいます」（七六頁）。

「ドイツは徒弟制度を軽視せず近代的な学校制度の中に徒弟制度（見習訓練制度）を組み込んだ教育制度を構築しました。これが今日まで続いている有名な〝デュアルシステム〟のことです」（八七頁）。

「中国の職業資格への取り組みはすさまじいものがあります。職業資格取得のための受験生は日本の比ではありません」（九六頁）。

「〝職業訓練〟を〝学校教育〟よりも優位に置く教育訓練観が今日の欧米の教育政策の動向となっています」（一〇〇頁）。

「学校で学ぶことは、仕事のための指導を理解するための基礎です。つまり、学校教育は職業訓練のためにあるのです」（一〇二頁）。

「日本の近代化が欧米に遅れて始まったにもかかわらず、二〇〇年も待たずに欧米に追いつき追い越した土壌には、中世までの技術・技能が高く、その伝承がきちんと行われていたからに他なりません。日本の明日の産業について考えるとき、このことをしっかりと頭に入れて自信をもって先人の技術・技能を身につけ、発展・向上させていくことが大切なのです」（一七八頁）。

これだけの新しい論理に基づいて推進されている公共職業訓練ではあるが、その現実は期待されたほどの成果につながっていないことが惜しまれる。一つには、教育内容が工業分野以外に広がっていないことであり、また一つには文部省の大学に比べて特段の魅力を発揮していないことである。日本社会には、とにかく大学だけは出ておきたいという伝統的・固定的な意識が根強いため、入学定員の少ない無名の職業訓練系の大学校より文部省系の大学という、安定志向が働くのではないかと思われる。その原因についてはもっと掘り下げた検討が必要である。

北海道大学は、名古屋大学について産業教育研究の行われている拠点校である。その出身者である木村保茂と永田万享は、企業内教育と公共職業訓練の内部に入り込んだ実証研究を発表している（『転換期の人材育成システム』学文社、二〇〇五年）。その中では、二〇〇四（平成一六）年以前のポリテク・センターとポリテク・カレッジについての貴重な記録が残されているが、注目したいのは両人の提言である。生涯職業能力開発という新しい教育課題が提起されている現今の日本において、公共職業訓練は中核的な機関・受け皿として期待されるが、その際、文部省の職業教育（大学・高等専門学校・職業系高等学校など）と専門学校と公共職業訓練の三者を接近させた人材育成システムを構築する必要がある。そのためには、文部省と厚生労働省の行政の垣根を越えた連携策を考えるべきである、というのが両氏の提言の要旨である。この問題は次節で考察する。

前章で仕事人のための職業訓練として、企業内職業訓練について記した。その歴史は古く、戦後の今も継続している有力な職業訓練であるけれども、近年それに新しい変化が見られると島内高太が指摘している（『企業内訓練校の教育システム』拓殖大学研究叢書、二〇二二年)。トヨタ系列の一七社の中の一二校の単独認定職業訓練校では、ただ養成工の訓練だけでなく、その指導者の訓練にも効果があることが分かったと言うのである。そこでは、学科教育と実技訓練と心身教育のプログラムが組まれていて、指導者はその体験のあと職場に戻ったとき中核的な現場人材に成長していて、養成工と指導者はウィンウィンの関係が生じることを明らかにした。島内は「ラーニング・バイ・ティーチング」による「現場人材活用型教育」と名づけている。本章では多くを語らなかったけれども、企業内職業訓練も変化しつつ、なお健在であることを付言しておく。

## 3　産学官連携の現状と課題

仕事人はすべて職業人であるとは限らないが、よき仕事人はよき職業人である、とは全般に言えることである。その仕事と職業の種類は際限なく広く、これまで中公新書には国会議員も科学者もその中に含まれるという書名の本が出ている。国会議員については、林芳正・津村啓介共著『国会議員の仕事―職業としての政治』があり、科学者については、酒井国嘉著『科学者という仕事―創造性はどのように生まれるか』である。いずれも第一線で活躍する人物が、自分のなしていることを仕事であると認識しているのである。

職業については、国際標準や日本標準の分類がなされてきた。このことについては割愛するとして、ここでは論を進めるために、独断的という批判を受けることを覚悟の上で、次の五種に分けてみた。その一は、生産・流通、その二は、医療・福祉、その三は、公共・公務、その四は、法曹・警備、その五は、文化・芸術である。一見して明白なように、これらの職業の人材育成は国や社会をあげて取り組むべき課題であって、文部省の学校だけで解決できるものではない。

すでに述べたように近代の日本は学校王国となった。その学校では、戦前には実業教育や専門教育において職業人材の育成に実績を収めたが、戦後になって職業分野の拡張やその高度化に対応できにくくなり、職業教育の不振の状態に陥った。その原因は、多々あるであろうが、筆者は、一つの原因は戦後日本における産学官の連携の不足にあると思う。

その中で、特に二つの連携不足に注目したい。その一は、官官連携の不足であり、その二は、産学連携の不足である。以下にその概況を記してみる。

**官官連携**　このことは、日本の教育行政の出発点にまで遡って考えてみなければならない構造的な問題である。一言で以てすれば、文部省の立省の根拠とされた「学政一元化」の原則に端を発している。

日本最初の近代教育法である一八七二（明治五）年の「学制」は、その第一章に「全国ノ学政ハ之ヲ文部一省ニ統《す》フ」とうたい、それを改正した一八七九（明治一二）年の「教育令」は、その第一条に「全国ノ教育事務ハ文部卿之ヲ統摂ス」と定めた。しかし、当時の学校は文部卿の監督の及ばぬところで盛況を見せていた。工部省の工部大学校、内務省の駒場農学校、開拓使の札幌農学校、陸軍省の士官学校、海軍省の兵学校などはその代表格である。

ところが、一八八一（明治一四）年に農商務省が設けられると、この学政一元化の原則に異議を唱えた。農商務卿の職制では、「官設ノ農商工ノ諸学校」「農工業模範ノ建造物及ヒ博物館」「民立農商工ノ諸学校」の監督が掌中に収められていたことを楯にとった。ヨーロッパでは、フランスやプロイセンなどで主務省管理の原則を採用していることも主張を強くした。翌年になると、文部省は四回にわたり太政官に上稟して、農商務卿の職制の変更を求めた。両省の背後に実力官僚が控えていたこともあり、太政官の裁定は手間どり、文部省に対して玉虫色の軍配をあげた。

これにより、文部省は、時間を要したけれども、他省の所轄する人材育成の学校を次々と掌中に収めた。ただし、そのことが不可能な領域も残していた。例えば、農商務省の蚕業講習所、水産講習所、逓信省の商船学校などはその特殊な性格から文部省への移管に手間どった。

人民の教育も人材の教育も文部省の一元的管理を前提にしたうえで、職業の人材教育をその中に取り込み、日本の学校教育を世界のトップレベルにまで引き上げる有能な官僚がいた。実業教育法制を創始した井上毅はその一人であり、実業学校と実業専門学校の発展の道を拓き、その成果は著大であったことを本書では証明したつもりである。

明治のはじめ、文部省と農商務省、文部省と開拓使との間に確執はあったものの、各省とも文部省の学政一元化を認めるようになり、主務省管理論は影を薄めた。島根県で農商務省の農事試験場と文部省の農業学校とが同じ敷地内で協力したという例を先に紹介した。

文部省は陸海軍省とも協力した。今日問題になっている軍学連携である。その代表的事例が東京帝国大学である。一八八四（明治一七）年には造船学科を、一八八七（明治二〇）年には造兵学科と火薬学科を、一九一八（大正七）年には航空学科を設けている。その間、陸海軍の側から学生教育の依頼を受けて、例えば一八九七（明治三〇）年には海軍が一定の学費を払って入学させる「工科学生」を受け入れたし、一九〇〇（明治三三）年には「陸軍砲工学校員外生徒」を大学の定員外で受け入れている。一九三九（昭和一四）年までに、前者は三〇一名、後者は一七〇名に達し、多くは技術士官として軍の要務を果たした。

戦後になっても文部省の学政一元化の原則は変わることなく、戦時中逓信省に移されていた高等商船学校と商船学校を文部省の管理に戻したし、水産講習所も文部省の東京水産大学とするなどした。しかし、文部省には井上毅のような先見の明ある官僚は出ず、統一学校の原則のもとに、普通教育中心の画一化された学校体系に移行するのを容認したため、職業教育は、戦前に比べると大きく後退した。人材の必要に迫られた他の省では、こぞって自省に必要な大学を設けた。例えば、防衛大学校、海上保安大学校、警察大学校、消防大学校、気象大学校、税務大学校、自治大学校、航空保安大学校、中小企業大学校など、その数は多い。先述の職業訓練大学校もその一つである。学政一元化を建て前とする文部省は、自省の一条校の中の「大学」とのちがいを示すため、これらを「大学校」と称している。管轄省間の連携のないまま大学校は独自な役割を果たしている。

なお、大学校については、市川昭午のすぐれた著書が参考になる（『大学校の研究』玉川大学出版部、一九九三年）。

**産学連携**　戦後日本の職業教育不振の最大の原因は、産業界と教育界の対立にある。そのため国民的合意が得られなかったことが戦前との大きなちがいとなった。

産業界を代表する団体としては、日経連（日本経営者団体連盟）と経団連（日本経済団体連合会）がある。日経連は、産業界への人材確保を求めて、戦後の保守政権に対して次々と改革の要望を出した。早くも一九五二（昭和二七）年には、戦後の教育制度の再検討を求め、その中に実業教育の充実を含み入れた。一九五六（昭和三一）年には、「技術教育に関する意見」を、その翌年には、「科学技術教育振興に関する意見」を発表した。さらに一九六九（昭和四四）

年には、「産学関係に関する産業界の基本認識および提言」をまとめ、産学連携を提唱した。

経団連もまた、一九六〇（昭和三五）年に日経連と共同して、「技術教育の画期的振興策の確立推進に関する要望」を政府と国会に提出したし、二〇〇七（平成一九）年には、「教育と企業の連携推進に向けて」を公表して、学校経営や授業の改善に向けて産学連携を強化するよう訴えた。

この経済界からの要求に教育界を代表する日教組（日本教職員組合）は真向から対決した。戦前の実業教育が日本の学校体系を複線型にして統一学校の原則に反すること、その教育が軍国主義や産業主義に傾斜したことなどがその理由であった。経済界の主張は、日本国憲法の教育を受ける権利としての平等な教育に逆行するものであると考えたのである。加えて、文部省と経済団体が癒着して教育の管理を強化することも恐れた。

その後、文部省と日教組の和解が成立したが、両者の間で職業教育についての協議がなされた形跡はない。文部省の側もこの問題への対応は戦前に比べると鈍重であった。産学連携には当然官が手助けして、産官学連携となるのが望ましいけれども、文部省が動いたのは、先述したように、文部大臣の諮問機関である中央教育審議会の一九六六（昭和四一）年の答申「期待される人間像」の中で職業の重要性を加えたときであって、具体策は示されなかった。その後、二〇一〇（平成二二）年に、持続的な就業力の育成についての答申が出ている程度で、余り積極的な諮問も答申も出ていない。

文部省の施策は、登校拒否やフリーターの急増に対処する弥縫策であるという感は否めない。直近の『文部科学白書』を見ると、小学校から高等学校に至るまでの職場体験や就業体験（インターンシップ）を奨励していてその普及は高い率に達していると言う。小学校では、ほとんどの学校で地域社会での職場体験をさせているし、公立中学校での職場体験率も九七・七％に達している。高等学校では、定時制を含む公立高校でのインターンシップの実施率は、普通科で二二・五％、職業科で六八・四％であって、任意制のためか高校生全体では三四・八％にとどまっている。

近年の文部省は、職業教育より科学技術振興に力を入れていて、特に大学および大学院を重点的に支援している。その際、産学連携の施策を含み込んでいることに注目したい。一つには、産業界からの受託研究であり、二つには、産業界からの財政支援であり、三つには、企業と大学との人事交流であり、四つには、学生の企業実習である。ユニクロの柳井正が、京都大学の科学技術研究に二〇〇億円の寄附をしたというニュースが流れたが、その成果のあらわれと言えよう。

なお、ここで断っておきたいことがある。文部省は、二〇〇一（平成一三）年に省名を文部科学省と変えた。筆者は、この改正の前と後とを区別することが煩雑であるため、明治初年以来の呼称である文部省で統一した。筆者の期待としては、「文部科学学習省」とか「文部科学職業省」とかにして欲しかったと思う。

現下の日本で最も可能性の高いことは、産学連携の推進であろう。それに官がからみ合えば可能性はより高くなる。産学連携を進めるためにはそれの理論と方法を明確にすることが不可欠である。ちなみに、この点で模範となるのは医学界と医療界と、それを支える文部省と厚生労働省の連携である。医学部卒業生の医療研修にそのことがあらわれている。その連携のため、関係者の間で医学教育学会が設けられている。

産業界と教育界を連結させるためには、その架け橋となる学問が必要であると考え、筆者は勇を鼓して『産業教育学』と題する小著をものしてみた（風間書房、二〇二〇年）。この拙著に対しては東京大学元総長吉川弘之先生から推薦のお言葉を頂いた。先生の提唱する「技術知」は、「産業知」とも言いかえられよう。

「産業教育振興法」に期待した関係者は産業教育学会を結成し協同して研究に着手した。しかし六〇年近く経過した二〇一九（令和一）年に学会名称を職業教育学会に変更した。職業教育なら英語にも訳しやすいし、アメリカなどではその理論にも実践にも実績があると言う。広義に解釈すれば職業そのものの範囲は限りなく広く、学会誌には理美容などまで含めているが、なぜか大学で行われる医師や技師や教員などの専門職業教育への関心は薄い。産業教育を真正面から本格的に論じたのは本庄良邦の『産業教育体制論研究』（三和書房、一九七三年）と『産業教育論』（同上、一九八三年）である。その門弟で、名古屋大学教授としてこの領域の研究と指導をし、産業教育学会の会長をつとめた寺田盛紀は、この学会の名称変更に戸惑いの論説を発表している（「日本的職業教育としての産業教育」『生涯学習・キャリア教育研究』第一八巻、二〇二二～二三年）。

筆者の考える産業教育の概念は単純明快である。その一、産業を農・工・商の生産・流通を主たる領域にすること、その二、日本人が長い歴史の中で積み重ねてきた産業観・教育観を重視すること、その三、近代日本におけるこの面での実業系学校の果たした役割に注目すること、その学校の中には大学や大学院まで含めること、その四は、学校の外で学校を取り巻く職業訓練として、企業内教育や公共職業訓練や社会教育にも注目すること、の四点である。

## 4　キャリア教育の現状と課題

これまで社会教育と称され、学会活動も盛んであり、また当事者である社会教育委員は全国社会教育委員連合を結成し、年に一度全国研究大会を開催している。そこに新しい呼称としてキャリア教育が登場し、文部省はその施策に力を入れている。

キャリア教育は、文部省としては戦後教育に一つの転換を期した施策である。一九八四（昭和五九）年に、中曽根康弘内閣は、戦後二度目になる内閣直属の臨教審（臨時教育審議会）を設けて、戦後教育の改革を企図した。一九八六（昭和六一）年の第二次答申で、「生涯学習体系の組織化・体系化と学歴社会の弊害の是正」のために生涯学習社会への転換が提案されたのである。「ゆりかごから墓場までの学習論」であって、それがキャリア教育論と称された。その理由は、一つには、一九七〇年代に入って、国際的にLifelong EducationとかCareer EducationとかRecurrent Educationとか呼ばれ新しい教育の動向に対応する戦略があったし、また一つには、企業の側から日本の技術力の強化を求める声が強まったことなどが、日本政府を動かしたと考えられる。

これより先、労働行政の側から、一九六九（昭和四四）年の新しい「職業訓練法」やこの法律のもとでの「職業訓練基本計画」（第二次一九七六年、第三次一九八〇年）では、「生涯訓練」の基礎づくりや体制の整備が提案されていた。文部省の側も一九八一（昭和五六）年に中教審から「生涯教育について」の提言を受けていた。しかし、これらは余り注目を引くことなく時が過ぎていた。なお、中教審は、臨教審の審議中は休止状態になっていた。

ところが臨教審の答申が出ると、文部省はすかさず対応した。一九八八（昭和六三）年に、従来の社会教育局を改組して生涯学習局を設け、省内の筆頭局にした。その後も文部省は次々と施策を打ち出したが、そのことが本書の主題である仕事人の教育にどのような影響を及ぼしたかを考えてみる必要がある。先述したように、文部省は二〇〇一（平成一三）年から『文部科学白書』を出版しているので、ここではそれの初版号と最近号（二〇二〇年）から、これに関するトピックスを引用してみよう。

まず二〇〇一年号について見る。生涯学習局の設置から一三年を経過している。「社会人の大学等でのキャリアアップ政策」の見出しで、夜間・昼夜開校制大学・大学院や社会人特別選抜や通信制大学・大学院の設置や科目履修生制度などを進めていると報告している。ちなみに、大学は、夜間四三校、昼夜六八校、大学院は、夜間二〇校、昼夜一九六校、社会人特別選抜は、大学三六二校、大学院三〇五校という数字が挙げられている。大学・大学院を社会人に開放することに重点が置かれていることが分かる。

文部省はこのキャリア教育を義務教育にまで適用した。小学校と中学校の児童生徒に対しても、社会に学ぶことにより勤労観と労働観を育てることを奨励した。この二〇〇一年の『白書』には、コラム欄に富山県の実践例を紹介している。県内の中学校二年生全員に対して、「規範意識や社会性を高め将来の自分の生き方を考えるなど、成長期の課題を乗り越えるたくましい力を身につける」ことを目的にして、五日間連続して学校を離れて地域に飛び出し、職場体験学習や福祉・ボランティア活動に挑戦させているという。

次に直近の二〇二〇（令和二）年の『白書』について見ると、「国民の一人一人の生活を通じた学習の支援」と題して、社会人の学び直し（リカレント教育）を充実させるために、大学や専修学校等におけるリカレント教育を充実させること、社会人の学びを主要な機能の一つと位置づける新たな高等教育機関として平成三一年度に制度化された専門職大学および同短期大学のさらなる充実を図ることなどを提言している。ちなみに、この翌年の専門職大学は一四校、専門職短期大学は三校であった。

それと共に、「初等中等教育におけるキャリア教育の推進」の見出しで、子どもたちが「働くことの喜び」や「世の中の実態の厳しさ」などを知った上で、将来の生き方や進路に夢や希望をもって、「学校から社会職業への移行」

を円滑にし、社会的・職業的自立に必要な能力や態度を身につけさせることも、キャリア教育の課題とした。そのための実施施策を七項目挙げた中に、学校、地域、産業界、地方公共団体などの連携・協働の必要を記した一項目が含まれる。

このキャリア教育政策に対しては、まず学会が動いた。一九五三（昭和二八）年に発会した日本職業指導学会は、途中一九七八（昭和五三）年に日本進路指導学会と名を変えていたが、二〇〇五（平成一七）年に会員数一千人超の日本キャリア教育学会と改称して、キャリア・カウンセラーの資格認定を行っている。学会の定義では、一九九九（平成一一）年の中教審答申「今後の学校におけるキャリア教育・職業教育の在り方」の中に出てくる定義「一人一人の社会的・職業的自立に向け、必要な基盤となる能力や態度を育てることを通して、キャリア発達を促す教育」を支持している（『新版キャリア教育概説』東洋館出版社、二〇二〇年）。

教育関係者の中からもこのキャリア教育に期待する者が相次いだ。特に高等教育と義務教育の二つの分野からの意見表明に注目してみよう。

高等教育の側からの意見は、先に引用した矢野真和を例示してみる。氏は、社会人に大学を開放することの意義を考える。「大人のいない日本の大学」は世界的に見ても奇異であるとして、世界の数字をあげる。ＯＥＣＤのインジケーター（二〇一三年）を見ると、加盟各国における教育機関への就学者（フルタイムとパートタイムの両者）の比率は、二〇歳代でフィンランドで四二%、スウェーデンで三七%、アメリカで二七%、三〇歳代では、これらの三国の比率は順に一六%、一四%、七%、さらに四〇歳代では三・六%、二・八%、一・五%となる。これらに比べて、日本では二〇歳代一八・九%、三〇歳代〇・五三%、四〇歳代で〇・一七%と著しく低下する。これを大学就学者に限って見れば、日本は二〇～二四歳が二九・四％、二五～二九歳が一・〇％、以降はコンマ以下の低率である。世界の高等教育機関は、「いつでも誰でも入学できるように、広く開かれた生涯教育機関になっている」のに、「一八歳の新入生が圧倒的多数を占める日本の大学は、国際的に見て珍種なのである」と言う。日本の「学歴社会」を生涯にわたる「学習歴社会」に変える必要がある、というのが氏の主張である（前出『高等教育の発展』）。キャリア教育はその問題解決の第一歩となるであろう。

その訳はと言えば、二〇一〇（平成二二）年の文部省の「大学設置基準」改正条文中の一文のごときは、文部省の大学についての新しい理念が表明されているからである。すなわち、「大学は、当該大学及び学部等の教育上の目的に応じ、学生が卒業後自らの資質を向上させ、社会的及び職業的自立を図るために必要な能力を、教育課程の実施及び厚生補導を通じて培うことができるよう、大学内の組織間の有機的連携を図り、適切な体制を整えるものとする」と。

次に、義務教育側の意見としては、渡辺三枝子著『キャリア教育』（東京書籍、二〇〇八年）を取り上げてみる。氏は、ペンシルバニア大学大学院でPh・Dを取得したカウンセリング心理学の専門家であるが、「自立できる子どもを育てる」ことがキャリア教育の目的であり、将来の進路や適した職業を早めに探してそのための準備をすることではないと、文部省の見解に釘をさす。日本では早くから行われてきた中学校の進路指導とは一線を画して、「生きる力」「自立する力」を身につけさせることに力点を置くべきだと主張する。

そこでは、具体的な提言がなされている。中学校における「キャリア・スタート・ウィーク」の実施である。連続五日間の「働く体験学習」であって、「働くことを通して学ぶ」「働くことについて学ぶ」「働くために学ぶ」ことを通して、それがキャリア教育理念の具体化の一方策になると言う。通常は、地域の企業や事業所で職場体験をさせることであるが、職場以外の場を活用させることも有効である。しかし、そのことは、「職業界について学ぶ」とか「将来の希望進路を視野に入れて学ぶ」ことではない、というのが氏の考えである。実はこの提言は、同書出版の五年前の文部省の『白書』に富山県での実践例が紹介されていることと類似していることは先述した。

キャリア教育論は、戦後の文教政策に新風を吹き起こした。その第一は、これまでの大学改革政策では先端的な科学技術教育の振興に力点を置いたものを、生涯学習社会形成のために社会人への大学開放政策を取り込んだことと、その第二は、文部省と厚生労働省や経済産業省などを含めた産学官の連携に踏み出したことなどを評価したいと思う。

しかし、キャリア教育はまだ歴史が浅く、識者は二点の限界を指摘している。今後深化すべき課題でもある。

その一は、寺田盛紀の指摘であって、これまで提起されたキャリア概念の中に、職業キャリアへの注目が足りないことである。「仕事や職業に焦点化した上で、知識、スキル、基礎力（汎用的能力）、見方、価値観をバランスよく目的化すること」が必要である、と氏は言う（『キャリア教育論』学文社、二〇一四年）。教育は仕事人を育てることを目的にすべきだと主張する筆者は、この主張に賛成する。生涯にわたる学習を奨励するために社会人の大学入学の機会を拡げるにしても、その学習は仕事と結び合わせたい。学理を学ぶとなれば仕事の中軸を堅固にさせるために、教養を学ぶとすれば仕事の外皮を肉厚にさせるための学習でありたいと思う。

その二は、田中萬年の指摘であって、氏も寺田と同じようにキャリア教育は職業教育から遠ざかる危険性を指摘したうえで、生涯学習論は学習者の自己責任論に転嫁される可能性があると言う。教育は国家が責任をもって保障すべき重要な政策活動であって、そこでは自己責任の思想はなじまないからである。

## 5　定年と無職の問題

戦後七八年という長い歳月を経過すると、当然のこととはいえ、その時代に生きる人間の生活も大きく変化した。仕事の面から見ても、人間のライフサイクルの変化には驚くべきことが多い。大きく見て二点ある。

その第一は、高齢化の進行とその中に生きる人間の定年とその後の対策である。日本社会における高齢化は驚くべき早さで進んでいる。六〇～六五歳人口の総人口に占める比率は、二〇〇〇年に六・一％から、二〇一〇年に七・八％、二〇二〇年に二七・八％となり、二〇五〇年には世界第一位の四〇％に達するという予想も出ている。そこで問題となるのは、仕事に従事する人の定年である。現在六〇歳定年は六五歳に、さらに将来的には七〇歳にまで延長しようという動きが出ているけれども、仮に六五歳としてもその後の二五年間の仕事をどうするかについては容易に結論の出せない難題に直面している。

政府は、一九九五（平成七）年に「高齢社会対策基本法」を定め、その翌年から内閣府は『高齢社会白書』を刊行している。最近の二〇二〇（令和二）年版には、厚生労働省が当事者を対象にした意識調査の結果が掲出されている。それによると、「何歳ごろまで収入を伴う仕事をしたいか」という問いに対して、「働けるうちはいつまでも」働きたいと回答した人は、現在収入ある仕事をしている者の三六・七％、「七〇歳くらいまで」「もしくはそれ以上まで」と答えた人を加えると全体の九割が働きたいと答えている。

定年後に仕事から離れたいと思う人もいるであろうが、この調査からは何らかの仕事をしたいと望む人が多いようである。そうであるならその対応を考えなければならない。

その対策として三つの方途が考えられる。その一は、今までの職場での正規の雇用関係を終えて、一旦退職金を受け取ったうえ、非正規の継続雇用の道を選ぶことである。今までより賃金は下がるし、役職からも離れることになるであろうが、今までと同じ仕事を続けることの精神的安定が得られる。その二は、今までより小規模な同種の企業への移動であって、現在大きな企業が下請けの企業に推薦するところが多い。その三は、他業種への転換であって、賃金の得られる企業へ雇って貰えるか、そこでどんな仕事ができるか、と期待と不安が入り混じる。あえてこの途を選び成功した人も多いようである。

最近、筆者の感動した二件の関連記事を紹介してみよう。一つは一生一業の事例であり、他の一つは、転職への決意を表明した事例である。

前者の事例は、「お値段以上のニトリ」という洒脱なコマーシャルで有名な家具商ニトリの創業者似鳥昭雄氏の随筆である。「僕はこれからの時代、みんな80歳まで働くべきだと思っています。そして、それぞれの時期にやるべきことがある、というのが僕の考えです」と言う。具体的には、20代は「首から下」で仕事を覚える。つまり頭より身体、思考より行動で仕事を覚えるのである。続く30代は「首から上」を使って、計画と実績を一致させるコントロール能力を身につける。40代・50代はこれまで蓄積してきたノウハウを存分に発揮させて大輪の花を咲かせる。最後の60代から80代までは人を育てる時期であって、ここまでで人生を完結させる。ニトリでは80歳まで継続して働くことを望んでいる、というのである（モーニング編集部・朝日新聞社編『40歳の教科書』講談社、二〇一〇年）。

後者の事例は、筆者の住む地域新聞の読者の投稿する「広場」の欄に、六〇歳の会社員三戸森充氏が寄せた「新しい仕事にやる気」と題する一文である。投稿者の許可を得てその全文を掲出する。

「3月末で定年退職し、4月から新しい仕事に就いた。私は第二の人生を歩み始めた。

今日から新しい仕事が始まる—。1日の朝、目覚めた時に何だか気合が入った。新しい人生のスタートに立ち、違う景色が見えたのかもしれない。新たな仕事は前職と全く違う分野なので、早く仕事を覚えなければいけない。緊張しているようでもあった。

私の父も、退職後は前職と全く違う分野の仕事をした。父は仕事にやりがいを感じていたようで、格好良く見えた。私も父のように、やりがいを感じて格好良くなりたい。働くことで、世の中に少しでも役に立てるのではないかと思っている。

まずは、生きるために働かなければいけない。そして新たな仕事に挑戦すれば世界は広がる。最初は慣れないことがたくさんあるだろう。少しずつ着実に仕事を覚え、焦らずマイペースでやっていきたい。」

（『中国新聞』二〇二二年四月二二日付）

定年後のシニア世代の生き方について論じた著作物の数は多い。注目したい二件を挙げてみる。

一件は、楠木新の二冊の著書『定年準備』と『定年後』と題する、そのことずばりの書名である。まず『定年準備』（中公新書、二〇一八年）について見ると、自身が会社経験のある著者だけに、実感のこもった言葉が並んでいる。「定年という区切りは全人格的な生き方を取り戻すチャンスである」と前置きして、前向きに捉える。「人生は二度ある」「45歳からは人生後半戦」「人生は後半戦が勝負」「もう一人の自分を発見」「自分を持っていく場所を探す」「終わりよければすべてよし」といった言葉が光る。もちろん、定年は個々人の問題であるため、こうしたらよいとか、こうすべきだという回答はできないため、「こういう人もいる」「あんな生き方もある」という、「具体的事例とか個人的体験」を見て、「魅力的な先達に学ぶ」ことが肝要である、とこの著者は言う。

次の一件は、名古屋大学と東京大学の教授をつとめた牧野篤の『シニア世代の学びと社会』（勁草書房、二〇〇九年）である。氏はキャリア概念を深化させることの必要を説く。氏の言うキャリアとは、「個人の存在意味を社会関係の中で問う概念」であって、「働くことは、自らの基本的生活が維持されたうえで、金銭的報酬以外の精神、人々が生きているという実感と満足を与える」ことであると定義づける。人間の「発達」は生涯にわたって継続するものであるため、「生涯のライフサイクルの中での曲折、役割の転換への対応の段階」がシニア世代である。「最後は自己実現」する段階であって、「知を生きる力」を発揮し、知の「社会循環」を実現するのが、キャリア教育の本質であると言う。氏の調査によれば、「新しい分野へのチャレンジより、これまでの仕事と経験の基礎の上に、その仕事か、それに関連した仕事を続けたいと望んでいる」人が多いという結果が出ていると言うが、氏のキャリア教育論もそこを狙っているのではなかろうか。

今日の日本で、より深刻な問題は、職に就かないいわゆるフリーターの増加の事態である。フリー（自由）とアルバイターの「ター」を組み合わせた造語と言われるようであるが、それは「学卒」「就社」「長期雇用」という、日本企業のこれまでの就業慣行と逆行するものである。

子どものころから、就職を忌避する思想は今や日本全土に拡がっている。内閣府の出している『子供・若者白書』の二〇二一（令和三）年号を見ると、高等学校を卒業して進学も就職もしない若者は、男子で五・四％、女子で三・九％、大学卒業者では、男子七・六％、女子六・六％となっている。この白書はそれまで『青少年白書』と題していたものを、二〇一〇（平成二二）年からその書名に変更したものである。

一旦卒業しても途中で退職や転職する者も多い。自分にこの仕事は不向きだと感じて離職する者を「三年目の危機」と称したり、定年後のことを考えると不安を覚えて転職する者を「二〇年目の危機」と称したりする。

先に引用した寺田盛紀の著書には、三重県商工会議所の調査結果が記されている。高等学校卒業生の三年以内離職者は、普通科卒は四六・四％、専門科卒二八・八％、総合科卒三五・五％となっている。職業への目的と訓練の少ない普通科に多いということは高等学校の教育に関係があるようである。日本キャリア教育学会の報告書では、一九九九年の中教審答申の中には、卒業後三年で離職する者は高校卒で四七％、大学卒で三二％という数字が出ているという。いずれが正しいかは判断できないけれども、三年目が一つの転機になっていることは間違いない。

後に引用する吉本圭一の著書によれば、大学卒業後、三年間初職にとどまった者は八割、四〜六年の継続者は五割弱に減り、七〜一〇年の継続者は三割弱にまで減少するという数字をあげている。予想以上に転職者が多いことが分かる。百円ショップという新企画で成功した大創産業の矢野博丈は、数回大学入試に失敗したあと、九回職を変え、ようやくチリ紙交換をしていたとき、百円ショップを思いつき、成功したというのである。この種の痛快な成功談は、不満をかかえながら仕事に従事している者には大きな刺激になるであろう。

しかし、定年とフリーターの問題は、社会や経済などのもっと根の深いところに震源地があるので、教育論だけでは解決できるものではない。この件については、興味深い一書に出会った。青島矢一編『企業の錯誤・教育の迷走』（東信堂、二〇〇八年）というショッキングな書名の本である。サブタイトルは、「人材育成の失われた一〇年」と題している。それまでの日本人が築いてきた「人の質」や「就社」という日本の人材育成システムが、バブル崩壊後一〇年にして機能不全に陥り、その対策として考え出されたゆとり教育も迷走しているというのである。

この書に論説を寄せた東京大学教授の苅谷剛彦は、教育の迷走に対しては、社会の変化から、その変化に対応できる人間形成に、そのための教育改革へと進むベクトルではなく、教育改革から新しい人間形成へ、そして社会改革へと逆行することが必要であり、「学歴社会」の弊害、いじめや不登校の発生といった教育の現状を改革することから始めるべきであると言う。学歴社会の改革の対策としては、「個性主義」や「教育の自由化」を進めることが重要であると説く。

筆者は、苅谷氏の所説に共鳴することが多く、特に戦後の教育改革を「平等神話」と捉えていることに注目したい。平等論は、できるだけ長期間にわたり同一の教育を受けることが権利であると理解するならば、大衆教育社会へと進むことは成り行きとなり、その教育は職業教育よりも普通教育が中心となり、学校では学力の向上が至上の課題となる。学歴主義が生み出され、その競争からはみ出す者が出るのは必定である（『大衆教育社会のゆくへ―学歴主義と平等神話の戦後史』『教育と平等―大衆教育社会はいかに生成したか』ともに中公新書）。「学力」中心の教育は、「仕事」中心の教育に転換することが必要であるというのが、繰り返し主張してきた筆者の考えである。なお、氏は、その後オクスフォード大学で教鞭をとっていて、グローバル時代における日本の大学のあり方についての著書（中公新書ラクレ）も参考になる。

同じ東京大学教授の本田由紀は、『若者と仕事』（東京大学出版会、二〇〇五年）などで、これまで教育学者が無関心であった仕事の問題に大胆に切り込んでいて、筆者にも参考になることが多いが、ここでは、「学校から職場へ」と題する小論の中のフリーター論に注目してみよう。氏は「日本労働研究機構」などから出ている資料を用いて、一九九〇年代から量的に増加したことの実態とその原因を考えたうえで、政策的対応には限界があると言う。小学校から大学院に至る教育システム全体を現実社会に有効なものへと再編することが必要であるけれども、過去数十年間にわたる「就社」社会を覚醒させることは容易でないと言う（佐藤博樹・佐藤厚編『仕事の社会学』有斐閣、二〇〇四年）。

フリーターの増加に対して教育界は何をしたらよいか、すぐには答は出ないと思う。フリーター輩出の一つの原因が、就社という一括雇用体制下で、若者が自己の能力や適性を考える余裕なく就職しているという現状に問題があるのなら、学校の出番はあるはずである。ちなみに、現行の「学校教育法」では、第二六条に義務教育の目標の一つとして、「職業についての基礎的な知識と技能、勤労を重んずる態度及び個性に応じて将来の進路を選択する能力を養うこと」、同法第五一条では、高等学校教育の目標の一つに、「社会において果たさなければならない使命の自覚に基づき個性に応じて将来の進路を決定させ、一般的な教養を高め、専門的な知識、技術及び技能を習得させること」とうたわれている。これだけの文言の意味は大きいと思う。

二〇〇六（平成一八）年に、戦後になって初めて改正された「教育基本法」では、第二条の教育目標五項の中の第二項に、「個人の価値を尊重して、その能力を伸ばし、創造性を培い、自主及び自律の精神を養うとともに、職業及び生活との関連を重視し、勤労を重んずる態度を養うこと」と規定された。旧法の「人格の完成」「平和的な国家及び社会の形成者」「自主的精神に充ちた心身ともに健康な国民」といった抽象的目標から、職業へ一歩接近している。

学校がこれだけの目標を実現すれば、やりたいことが分からない、仕方なく就社する、といった若者の数は減少するであろう。一旦就社したのち、自分のやりたいことが分かって転職する人もいるであろう。北欧三国などでは転職は当り前だと積極的に考える国もある、と聞く。

教育学を専攻する筆者には、定年と無職の問題にこれ以上深入りすることはできない。学際間の共同研究の成果を待つことにする。

# 結章　仕事とは何か

## 1　人生と仕事

筆者は、今から四〇年前に読んだ哲学者で東京大学教授であった清水正徳の著書『働くことの意味』（岩波新書、一九八二年）に感動を覚えたことが忘れられない。今、書棚から取り出してみると、傍線を引いて丹念に読んだことが想い出される。

古代ギリシア人の労働観から始まり、近代資本主義社会における社会的労働の理論、特にアダム・スミスの労働価値説を経て、ヘーゲルからマルクスへ至る労働疎外論を、素人にも分かるように平易に説明した一書である。現代の労働を「人間関係」と「自主管理」という視点から捉え直す著者の提言には説得力がある。例えば、「技術の進歩による生産のかぎりない独走と利潤追求の猛烈な競争とを制御し、人間と自然との調和した交流を見失わない労働でありたい」とか、「働く者の立場から、まず働くことの能動性、人間としての連帯・自主性、責任感を身につけていくことの意味は、けっして小さいものではない」等々である。

経済学者で東京大学教授であった村上泰亮も、労働と仕事を区別した。氏は、文明史的視点から『村上泰亮著作集』全八巻（中央公論社、一九九七年）をまとめたが、その第三巻に『産業社会の病理』（原本は中公新書、一九七五年）を入れた。ハンナ・アレントの説を引用しながら、生活の必要によって拘束される労働（labor）と、労働を越えた対自然活動としての仕事（work）とを区別した。「いかなる内容のものであれ、あるいはいかなる条件の下にであれ、ただひたすら働くということは、もはや美徳ではない」、これからは「労働それ自身のなかにあるあらためて喜びと価値を作り出していこうとする試みが行われることになるだろう」と、氏は言う。

そこで、研究者だけでなく、実際に仕事をしていた実務者の著書にも注目してみよう。

東京大学経済学部を卒業後、一旦は富士重工に就職するも、一五年勤めたあと文筆業に転じた黒井千次は、『働くということ—実社会との出会い』（講談社、現代新書、一九八二年）を出版し、企業において形成される職業意識の重要さを説いている。「私は給料をもらうために働いているだけなのだから、仕事の方はどうでもかまわないのだ、といってはすまされない。その地点に、外に対して感じる責任と、内に対して覚える仕事の手応えとの結びついた意識、つまり職業意識が生まれる」「職業は日々の具体的な仕事の中にしかありようはないのである」と言う。趣味は所詮趣味に過ぎぬのであって、仕事より趣味に生きたいと言うのなら、きっぱり仕事を罷めるべきで、「二足の草鞋《わらじ》は穿《は》けない」と言う。

工業高校を卒業後、半世紀間旋盤工として生きた小関智弘の、『仕事が人をつくる』（岩波新書、二〇〇一年）は、『ものづくりに生きる』（岩波ジュニア新書）などの著作で町工場作家として名をなした著者の見識を示している。この書は、著者が各分野の一〇人の職人から聞き書きしたもので、その「あとがき」での言葉が心に響く。すなわち、「仕事が人をつくり、人を育てる」、「人は働きながら、その人となってゆく。人格を形成するといっては大袈裟だけれど、その人がどんな仕事をして働いてきたかと、その人がどんな人であるのかを切り離して考えることはできない」と。

筆者は、これら多くの人々の意見を参考にしながら、人生における仕事の意味を考えてみたい。ポイントは四点ある。

第一点。仕事と趣味の関係である。

先に引用した黒井千次は、仕事と趣味は両立しないと主張している。しかし、後述する渋沢栄一は、趣味を生かした仕事を主張する。彼は言う。「此の趣味といふ語の定義がどの辺にあるか、学者でないから完全なる解釈を下すことは出来ぬが、人が職業を尽すといふにも此趣味を持つことを深く希望するのです」「趣味を持つて事物を処すると云ふのは、我心から持出して此の仕事は斯くして見たい斯うやつて見たい、斯うなつたから是を斯うやつたならば斯くなるであらうと云ふやうに、種々の理想欲望をそこに加へてやつて往く、其れが始めて趣味を持つたと云ふこと、即ち趣味と云ふのは其の辺にあると私は理解するのです」と言う（『龍門雑誌』第二九一号、一九一二年）。渋沢の考えた趣味は仕事の中に生かされて意味をもつ。彼が経済や社会の諸事業に従事した間に、『論語』の学習に打ち込んだのは、彼の趣味と言えるであろう。

第二点。仕事と余暇の関係である。

産業構造の変化に伴って、仕事の余暇が増えてきた。かつては衣食住の生活を守るために、人々は昼夜をわかたずに必死に働いてきた。わずかな残余の時間があれば翌日の労働のための休養にあてた。しかし、今では労働条件は大きく変化しつつある。仕事人は、自分の好きな諸種の活動にあてることのできる余裕の時間が得られるようになった。正規の時間をオーバーすれば超勤手当が出るし、職種によっては週休二日とか三日とかの休暇を取ることができるようになった。この余裕の時間をどのように使うかは、その人の仕事の真価を決める鍵となる。

そこで、前述の楠木新の二冊の著書のうち、保留していたもう一冊『定年後』（中公新書、二〇一七年）に注目してみたい。そこには興味深い提言があるからである。氏は、六〇歳からの自由時間を八万時間と計算してその使い道を考えた。その時間は、二〇歳から六〇歳までの四〇年間の総実動時間、つまり拘束時間より多いと言う。中には経済的その他の理由から拘束時間を再延長する人も多いであろうが、この「黄金の八万時間」は各人の自由時間であって、人生観にゆとりを生み出す。人生の仕事の中に時間の概念を入れ込んだ発想の卓抜さに注目したい。筆者もまた同じような考えをもって生きてきたことについては後述する。

第三点。仕事と才能の関係である。

人間には器量のちがいのあることを認めなければならない。頭のよい人、記憶のよい人、物づくりのうまい人、機械の得意な人、足の速い人、歌のうまい人、絵のうまい人などなどである。幼少期からその片鱗を示した者に特別の教育訓練を施して成功した人もいるであろう。しかし、すべての者に同じような未来や可能性があるわけではない。無理に背伸びして落胆する者もいるであろう。そこで考えなければならないことは、身の丈に合った仕事に出精することではないだろうか。

日本の農業教育のトップリーダーとなった横井時敬については後述するけれども、彼の仕事観は極めて割り切っている。彼は、日本の農村が都会のハイカラ熱におかされ、当時の中学校や高等女学校に進学して農村から離れて農村が衰微していく事態に警鐘を鳴らした。彼は、エライ人、大志を抱く人を教育する成功主義、育英主義、向上主義、英雄主義の教育風潮を批判した。「教育の最後としては、己の身を立るに適する専門的教育でなければならぬ。就中実業教育が最も多くの人が受くべき最後の教育である」と言う（『教育学術界』第八巻三号、一九〇三年）。

第四点。仕事と幸福の関係である。

人間誰しも幸福を願わない者はいないが、幸福と言えば人によって感じ方がちがうので断定的なことは言えない難題である。さしあたり、筆者の近辺に住むA君とB君を例示してみる。

A君は、中学校卒業後近くのポリテク・カレッジに進み、地元の小企業に就職し、給料を稼げる職人となった。午後五時に仕事が終わると油まみれの身体をシャワーで洗ったのちに帰宅し、家族揃って食卓につき、パートの妻や子どもたちとくつろいだ会話を交わしている。休日には、子どもを連れて魚釣りに出かける姿も見る。他方、B君は、プライドの高い母親に育てられ、小学生のころから塾に通い有名大学への進学を目ざした。数字は仮の話であるが、偏差値五〇の子どもも、偏差値五五の中学校へ、六〇の高等学校へ、そして六五の大学に合格すれば、母親は目標を達成したと満足するであろう。B君の場合も成績は上がり、東京の一流大学を卒業し、有名企業に就職することができたが、営業担当となり再三転勤を命じられたため、妻子を連れて各地を転々としたので、両親との連絡も途絶がちで疎遠になったと、この母親は嘆いていた。

政府は、すぐれた仕事人を叙勲や褒賞で賛えている。科学研究ですぐれた業績をあげた人はノーベル賞という頂点に上りつめることができる。いずれの人も幸福感にひたっているであろうが、それを受けることのできなかった数多《あまた》の仕事人は不幸かと言えば決してそうではない。生涯をかけて自分の仕事をやっている、あるいはやり終えたという満足感もあると思われるからである。何を幸福と感ずるかは人それぞれだからである。

## 2　仕事と教育

近年、教育学の世界では、まだ少数ではあるにせよ、「学校から職業へ」とか「学校から仕事へ」と主張する者が出始めた。しかし、仕事の問題は、教育学より経済学に近いためか、経済学者の著書の中に注目したい主張があらわれた。二件だけ紹介する。

一人は橘木俊詔である。ジョンズ・ホプキンス大学でPh・Dを取得し京都大学につとめた。『日本の経済格差』と『日本の教育格差』（ともに岩波新書）で有名であるが、筆者がここで取り上げたいのは、氏の『実学教育改革論』（日本経済新聞社、二〇一四年）で、その中でドイツに注目している部分である。ドイツでは、日本とちがって、比較的若い年齢のうちから子どもたちに将来の仕事の進路を決めさせている。その進路は大きく見て二つある。一つは大学に進学する途であり、他の一つは技能訓練を受ける途である。大学は、総合大学と専門大学があり、日本ほどの大学格差はない。専門大学の水準は高く、そこでは一年間の職業訓練が課される。総合大学でも、たとえ文系学部でも、純粋な学問にこだわらず、仕事の上に生かせる知識を取り入れる。例えば、経済学部や商学部では、販売、会計、金融、人事といった企業実務を効率的に行うための知識を与えている。

ドイツの教育で重要なのは、第二の途であって、多くの子どもがマイスターとしての技能資格を取得することを目ざして、職業技能の教育コースを選んでいることである、と氏は言う。そのために、いわゆるデュアルシステムが整備されていて、学校と企業が一体となってこれを支えている。このデュアルシステムについては、早くは、後述する日本の工業教育のトップリーダーである手島精一が注目して推奨したし、近くは、寺田盛紀の『近代ドイツ職業教育制度史研究』（風間書房、一九九六年）や佐々木英一の『ドイツにおける職業教育・訓練の展開と構造』（同上、一九九七年）において詳しい考察がなされている。ちなみに、両書ともサブタイトルはデュアルシステムとなっている。

橘木氏によれば、一般にドイツは「哲学の国」「学問の国」と理解されがちであるが、「実業の国」でもある。徹底的な技能訓練を経て技術を習得したマイスターは、社会的にも経済的にも高い評価を受けている、と言う。

もう一人の経済学者は、猪木武徳である。マサチューセッツ工科大学でPh・Dを取得し、大阪大学につとめた。前出の橘木氏と同じようにアメリカで博士号を取得しているが、氏は橘木氏とちがって、外国の事例よりも、日本人の歴史を重視した。氏の著書『増補学校と工場—二十世紀日本の人的資源』（筑摩書房、二〇一六年）を見ると、近現代の日本において人材はどのように育成されたか、と問いかけ、「江戸の深さ、明治の新しさ」「機会の広さと厳しい競争」「奇跡的とまで称される戦後日本の成長を支えた高度な熟練を備えた労働者の存在」など、多くの解釈をした。氏は、教育と経済成長の関係は学問的には解明の難しい問題であり、その関係は想像以上に複雑であると言う。人材養成は長期的視点が必要であって、成果主義や能力主義に陥ることなく、「仕事」を通して「人を育てる」ことを目指し、「高度な熟練をもつ労働力」を確保することにより経済成長が可能になる。「脱工業化社会」と呼ばれる以前の日本では、製造業を中心にして工業化に成功した、という歴史の意義は大きい。実地に従事しながら、高度の技術を習得した日本人の伝統は保持すべきである。それは、「学位」というより「産位」と称すべきである、と氏は主張する。

ほかにも経済学者の見解の中で注目したいことは多いが、筆者はここで、本書での日本の学校教育の歴史と現状についてのこれまでの考察を踏まえて、仕事という視点から日本の教育に対する改革課題を摘記してみる。ポイントは二点ある。いずれも、すぐに解決することのできない難題ではあるが、仕事の教育学を構想している筆者としては、せめて将来の方向性についての愚見を記しておきたい。

第一点。「教育行政は他省庁との連携を進めること」。

明治期のはじめ、日本の文部官僚は、学政一元化を主張し、普通教育と実業教育を含む学校の管理権を掌中におさめ、学校王国を築き上げてきたことについては先述した。戦後になって教育をめぐる激しい政争の中で、学校の中でも、実業や職業にかかわる教育は疎略になり、厚生労働省の職業訓練などによって補われてきた。

文部省による教育支配の原則は揺らぐことはなかったが、近年になって、キャリア教育論の台頭などによって若干の変化が見られるようになった。最近の動向を年代順に追ってみよう。

二〇〇九（平成二一）年の『文部科学白書』には、「職業教育活性化の施策」として「地域産業の担い手育成プロジェクト」を進めるため、「経済産業省、国土交通省、農林水産省と共同で、平成二一年度現在計五六地域を指定しています」とあり、二〇一〇（平成二二）年の同上『白書』には、「高等学校における進路指導の改正」について、「文部科学大臣、厚生労働大臣、経済産業大臣が主要な経済団体に対して新卒業者等の就職支援に関する協力要請を行うとともに、ハローワークと教育委員会・高等学校が一層連携を密にし、高校生の就職支援の取組を充実するなど、政府一体となって支援に取り組んでいます」と記されている。二〇一六（平成二八）年の『白書』では、「キャリア教育・職業教育の推進」の中で、「文部科学省では、学校とハローワークが連携した就職支援を促すなど、厚生労働省・関連経済団体等と連携して、新卒者の就職支援に取り組んでいます」と記しているし、この『白書』には、「文部科学省、厚生労働省、経済産業省との連携による「キャリア教育推進連携シンポジウム」を開催したとある。

内閣府の刊行する『子供・若者白書』の二〇二一（令和三）年版には、「文部科学省、厚生労働省、経済産業省の三省は、学校、地域、産業界が一体となって社会全体でキャリア教育を推進する機運を高める」ために、「キャリア教育推進連携シンポジウム」を開催したと報じている。

文部省が、キャリア教育論の展開に触発されて、これまで軽視していた仕事人を育てるために、他省庁との連携を進めようとする近年の動向を歓迎したいが、未だシンポジウムで議論する段階に止まっているのが現状である。一五〇年前の「学制」で、「全国ノ学政ハ之ヲ文部一省ニ統ブ」と定めた時代は、少しく変化しつつあることに注目したいが、前途は長い。

第二点。「国民の教育観の中に仕事の意義を入れ込むこと」。

その際、教える側の教師と、教えられる側の子どもをもつ親との、両者の教育観を変える必要がある。

まず教師の教育観について言えば、小・中学校生を対象にした全国学力調査の結果に一喜一憂したり、三月に週刊紙に発表される有名大学の合格者発表に歓喜落胆したりする教師が多いのではないかと想像する。確かに学校教育の最大課題は「学力」を身につけさせることであり、すべての教師はそのための教授法の研究に取り組んでいることは認めるにしても、その学力は何のための学力か、と問い糺してみる必要がある。長期的な展望のできる教師なら、その学力は、生涯の職業や仕事のための基礎となる学力でなくてはならないことに気づくであろう。九州大学教授をつとめ日本職業教育学会の初代会長である吉本圭一は、近著『キャリアを拓く学びと教育』（科学情報出版、二〇二〇年）の中で、「なぜ学ぶのか、学ぶことはキャリアを拓くためのものである」と断じている。

教師は、子どもの学びを支援するだけでなく、教えるべき「価値」をきちんと教えるのも職務である。その価値の中で特に重要なことは「職業」の価値である。職業については多くの論者の学説が積み重ねられてきたけれども、中でも有名なのは、尾高邦雄が『新稿職業社会学』（福村出版、一九五三年）で挙げた三要素である。個性の発揮、生計の維持、社会的貢献がそれである。人間としての自己の個性を発揮して人間としての役割を果たし、人間として支え合う社会に貢献することを通して、自分や家族の生活を維持するための収入を得ることが、職業である。

教師は、学校において、よき仕事人を育てることを教育の目標にすべきであろう。

次に親の教育観について言えば、昨今、自分の子どもが、登校拒否を起こしたり、渋々学校に行っていることに悩んでいる親の数は多い。二〇二二（令和四）年の文部省の発表では、年間三〇日以上欠席する小・中学生は、病気欠席を除いて二四万人に達するという。これについてはフリースクールなどの対応策を取っているようであるが、年々不登校者の数はうなぎ上りに増えている。

原因は何か。一言でもってすれば、学校が面白くないからである。何のために学校に行くのか、学校は何の役に立つのか、を考えることなく、誰もが学校に行き、教科の学力の競争をし、校則を守らせる学校は、一部の子どもにとっては住みにくい世界となっているのではなかろうか。これから社会に出る子どもには、学校の卒業という資格が必要だということは分かっていても、その卒業にどんな意味があるかということまで分かっていないのではなかろうか。

先に引用した渡辺三枝子の『キャリア教育』の中には、「学ぶことも仕事」という注目すべき提言がある。仕事として学習し、仕事のために卒業する、学校はその大切な場であると考えれば、少しは前向きになれるであろう。「お父さんは会社でお仕事、お母さんは家事やパートのお仕事、僕（私）の仕事は学校に行って学ぶこと、我が家はみんな仕事」と考えれば、子どもは自分の仕事として学校に行く。

仕事としての学習は生涯にわたって続いていく。小・中学校を卒業した子どもは、自分に向いている好きな仕事の見当がついたなら、そのための高等学校や専門学校や大学を選んで一人前の仕事人となっていく。その際、親や教師のアドバイスも役立つであろう。仕事は多種多様であって上下はない。仕事に意識づけられた子どもは自分の道をたくみに生きていくであろう。学校はそのための揺りかごだと考えれば、親の気分も楽になるであろう。

今の一橋大学の母体校は、明治のはじめに設けられた東京商法講習所であって、その所長となった矢野二郎は、はじめのころには卒業式を行わなかった。どうしても卒業証書が欲しいという者には、「疎末な書付」を渡して小言式にした。大阪の市立商業学校では、生徒はもうここらで結構だと考えると自主的に退校して家業にいそしみ、困ったときは大福帳をかかえて母校の先生の指導を仰ぐことができたという。近江商人の発祥地である滋賀県商業学校の最初の入学生一二三名のうち卒業生はわずか一三名であった。産業界の仕事人は、官界とはちがって中退ということを気にかける必要はなかった。こんな楽天的な学校観が現代に通用する訳はないし、不登校や中退がニートやフリーターの輩出の一因となっていることを思うとき、今日の事態は由々しきものであるが、子どもや親の目を将来の仕事に向けさせることの意味は失われないと思う。

功成り名を遂げた高齢の作家が、老後の生き方について語った本が世に出ているが、その中で曽野綾子の『老いの才覚』（ＫＫベストセラーズ、二〇一〇年）の中の言葉が印象深い。「死ぬまで、働くことと遊ぶことと学ぶことを、バランスよく続けるべきだと私は思います」と言う。学習社会へと転換しつつある今日、仕事と学ぶことは生涯にわたって継続するもので、学校だけでは終わらない。先に引用した矢野真和は、学歴の時代ではなく学習歴の時代への転換である、と道破した。

本書では多くの著名人の言説を引用してきたが、最後にもう一冊だけ付け加えたい本がある。山根八洲男著『日本の「ものづくり」に求められる「人づくり」』（日刊工業新聞社、二〇一五年）である。著者の経歴は多彩であって、広島大学の教育学部と工学部の二つの学部を卒業して企業に入ったあと、大学院に戻り機械加工の学位を取得、そのまま母校の教授をつとめ、学部長や副学長のマネージメントにも寄与した。筆者がこの書に注目する理由の一つは、次の補論で考察する仕事人の能力（仕事力）を掲出していることである。著者によれば技術者には六つの能力が必要であると言う。中核となるのは判断力と行動力であるが、それを他の四つの能力が支える。

理論力—理論を理解し、自在に使いこなす力。
経験力—経験を蓄え、将来に生かす力。
創造力—さまざまな抽象・具象概念をイメージとして構築する力。
俯瞰力—事象の本質を見抜き、事象にかかわる諸要因の関連性を見つける力
判断力—最適解を見つけ、その解に対し責任をとる勇気。
行動力—自分が構築したイメージに基づいて実行に移す力・勇気。

氏は、それぞれの能力を形成する具体的手順を提示している。氏の専門とする切削加工システムの理論力の形成について記した手順図の如きは実に細部にわたっている。人材育成についての、大局的で、かつ局所的な提言がなされ

ていて、日本の仕事人の教育論もこの域にまで到達していることを証拠立てる一書である。

# 補論　成功的仕事人の仕事力

東山魁夷　秋翳　東京国立近代美術館蔵　Photo：MOMAT/DNPartcom

## 1　農書執筆の仕事人　大蔵永常

江戸期には、近世農書と称される多数の農書（稿本を含む）が世に出たが、その最多の執筆者は大蔵永常である。農文協の『日本農書全集』の中には、『広益国産考』『綿圃要務』『農具便利論』『除蝗録』『油菜録』『製葛録』『甘蔗大成』『製油録』『門田の栄』『農家心得草』『農稼肥培論』『再種方』の一二件が所収されている。大蔵の農書は、主穀作物と、コメ以外の特用作物に二大別されるが、後者のほうが数が多いことに注目したい。

さらに驚くことは、大蔵は、道徳関係書として教訓書（『絵入民家育草』）と奇談書（『奇説著聞集』『勧善著聞百話』『勧善夜話』）を、国語字書として文章用例（『文章早引』『民家文章早引大成』）と文章用語（『文章かなつかひ』）を、生活関係書として薬方書（『農家心得草』『山家薬方集』『救民日用食物能毒集』）と食物書（『日用助食竃の賑ひ』『徳用食鏡』『食物能毒編』）などの啓蒙書も著述している。

大蔵の執筆活動は、農書を中核にしつつも農民の生活全体にわたる幅の広いものである。それらは一部を除いて大分県教育委員会が編集刊行した「大分県先哲叢書」の中の『大蔵永常資料集』（全四巻、二〇〇〇年）の中に収められている。

大蔵なる人物が、なぜこれだけ多数の農書を執筆したのか、なぜそれだけの力量があったのか、仕事人として彼の功績は何であったのかが問われなければならない。そのためには、彼の経歴から辿ってみる必要がある。

大蔵は、明治維新を遡ること一〇〇年前、一七六八（明和五）年に、豊後国日田（大分県日田市）に生まれた。当時の日田は、幕府の天領で商業活動の盛んな町であった。大蔵の家業は綿栽培の農家であったが地元の商家に賃働きに出ていた。一一人の子どもの四番目の大蔵は、子どものころから読書を好み、学問（漢学）を学びたいと願っていたが、百姓の子に学問はいらぬという父の反対にあって断念し、父の働く商家の丁稚となった。二〇歳のころ、意を決して日田を出奔し、各地を巡歴する生活を始めたことが、彼の人生の転機となった。彼の著作『絵入民家育草』に序文を寄せた六樹園主人は、大蔵を評して「まめ〳〵しき翁」と称した。日田弁では「まめろしい」と言い、足腰軽く、歩いて、見て、聞いて、試して、書くという行動力をもった男を意味していた。

日田を出た大蔵は、まずは櫨《はぜ》の植樹や蠟《ろう》の製法を学ぶため筑前・肥前を訪れ、次に甘蔗《かんしょ》（さとうきび）を原料とする製糖の技術を知るため薩摩に足をのばし、四国を経て大坂に居を構えた。そこでは櫨の苗木の販売などで生計を立てながら、櫨の栽培法について記した処女作『農家益』を出板した。齢は三四歳になっていた。その後、大坂を拠点にして全国歴遊の八面六臂の活動が始まる。二度江戸に移り、念願の出仕が叶うと、田原藩の三河と浜松藩の岡崎に住み、最後は九三歳で江戸に没した。その間、畿内・東海はもちろん、東北にまで探訪の足を伸ばしている。

彼の主著『広益国産考』は、一八四二（天保一三）年の最初の二巻から始まるが、その中で、「僕が才の拙きを恥ず諸国を遊歴の折から見聞したる事ども書つゞりて、おこがましくかく題して爰《ここ》に先《まず》二巻を著す」と記し、死没の前年に全八巻に集大成したときには、「諸国にて見及び聞およびたる事をかひつまミしるしたる而已《のみ》」と記した。彼は、遊歴と見聞によって、この不朽の名著を著述する仕事人となったのである。

大蔵を農書執筆の仕事人へと突き動かした動機は何であったか。その最初にして最大の動機は、飢饉に苦しむ農民を見て、その対策を考えたことである。日田に住んでいたころ、二度にわたる天明の飢饉の惨状を目撃していた。原因はウンカの大発生であった。その対策として彼の考えは、飢饉に耐えるための特用作物の活用であり、またその栽培で金を貯めていざというときに備えることである。農民は、「利」にさといことを見抜いていたため、利を生み出す農業を奨励したのである。綿や菜種や楮《こうぞ》や藺《い》や蕨《わらび》など、櫨や甘蔗だけではなく、広く特用作物を取り上げた。彼の言う国産の国とは、国家ではなく国所、つまり地域のことである。もちろん、農書作家としての大蔵はウンカ対策のような全国に通用する農書も書いた。『除蝗録』がその例である。

　しかし、農書は、出板しても売れない、という厳しい現実があった。初板本でも、せいぜい二～三〇〇部、しかも低廉価であって、当時流行の戯作本とはちがっていた。大蔵が農書の枠を越えて多方面の著作をしたのは、自分の生活を成り立たせるための選択であったと考えられる。彼は、自著を少しでも多くの読者に買って貰えるような工夫をしている。数多くの挿絵を入れたり、漢字には振り仮名をつけたり、彼の名著とされる『農具便利論』には、全国各地の役に立ちそうな農具を絵図で紹介し、尺寸まで記している。

　好奇心の強い大蔵は、蘭学者に教えられて、顕微鏡を使って、当時常識となっていたイネの雌雄説を否定したり、ブランドスポイドと称する水汲みポンプを紹介するなどしている。彼の農書は、明治期に入っても評価され、特に農業の省力化に役立った。

　しかし、彼の最大の功績は、コメつかいの封建経済体制の中で、大坂や、そして郷里の日田などで静かに進行しつつあった資本主義的経済体制への移行を肌で感じ取っていたことであろう。しかも藩境を越えて、利にさとい農民へ利へのいざないをして主体的に生きることを教えたことであろう。このことは大蔵自身が意識していなかったであろうけれども、結果的には、今日の地産地消とか農業の六次産業化などにつながっているように思われる。彼の行動力から生まれた先見力である。

大蔵については、多くの伝記が出ている。早くは、早川孝太郎著『大蔵永常』（山岡書店、一九四三年）や田村栄太郎著『産業指導者大蔵永常』（図書出版、一九四四年）があるし、近くは、『大蔵永常資料集』の編集主幹豊田寛三編著『大蔵永常』（大分県教育委員会、二〇〇二年）が有用である。筆者もまた郷里の先達のよしみを感じ、『現代に生きる大蔵永常』（農文協、二〇一八年）を出した。

## 2　発明創作の仕事人　田中久重

大蔵永常と同じように、自分に必要と思うときに人に教えを乞い仕事の達人となった人物がいる。江戸末期の職人技術の最高峰に上りつめた田中久重がその人である。

田中久重は、一七九九（寛政一一）年、大蔵と同じ筑後川水系の筑後国久留米（福岡県久留米市）に、べっこう細工師の家に生まれた。幼少のころから小刀を使った細工に余念がなく、九歳のころにはその巧みさに囲わりの人たちを驚かせた。彼は自筆の年譜を残していて、それには一〇歳「箱細工色々」、一三歳「篳篙其他細工仕上」、一六歳「竹ノ輪水上ゲ」、二一歳「雲形人形」その他の細工品の記録を残している。二〇歳のころから地元の五穀神社でカラクリ人形の興行を始めた。地元では、本名儀右衛門の名をとり、「カラクリ儀ィシャン」と愛称されるようになった。

彼は、寺子屋で読み書きは習ったけれども、特定の師匠に弟子入りしたわけではなく、父親や先人の仕事を参考にしつつ、彼自身の創意工夫でカラクリの術を磨いた。その後、彼はそのことの限界を感じて、自ら需めて当時の技術や学問に近づいていった。大きく見て田中の人生には三つの大きな転機があった。

第一の転機は、三六歳で大坂に移住して懐中燭台を、三九歳で伏見に越して鼠灯と無尽灯を、そして四九歳のとき不巧の名作万年自鳴鐘を製作し、関白鷹司政通から「日本第一細工師」の招牌を受けた。この自鳴鐘は、発条を捲きしめれば、洋式と和式の時計、七曜表、二十四節、月の盈虚、干支が一時に動き出す六面体をなしていて、現在国立科学博物館に展示されている。この時計の製作に際して、田中は京都の陰陽総司土御門《つちみかど》家に束脩五〇両を払って入門し、五〇余日かけて天文暦学を学んでいる。自分の仕事の技術を高めるためにそのことが必要であると考えたからである。

第二の転機は、カラクリ細工で用いていた蒸気の原理について学びたいと考えた田中は京都在住蘭学者広瀬元恭の門に入ったことである。広瀬の妻は田中の妹であって、二人は親しい間柄であった。田中の自筆年譜には、「蒸瀛雛形ヲ作ル」とあり、このとき外輪式とスクール式の二隻の木製模型を作って、庭の池に浮かべて試運転して鷹司関白に披露したと言われている。

この蘭学修業が、田中の第三の転機につながった。彼は佐賀藩の蒸気船製造の技術者に任命されたのである。佐賀藩は薩摩藩と並んで軍事技術の近代化の最先端を走っていたことについては前述した。その技術陣のトップの座にあった佐野常民は、藩出身の伊東玄朴の象先堂の塾頭をつとめて蘭学を修めていたが、一八五一（嘉永四）年、江戸からの帰藩の途次、京都の広瀬塾に立ち寄り、蘭学の力量のある中村奇輔、石黒寛次に加えて、技術の力量のある田中父子の四名を藩に出仕させることを約束させた。

佐賀藩では、藩の蘭学寮に学んだ藩内人士にこれら藩外人士を加えて、鋳砲のための反射炉と蒸気船の製造のためのチームが結成され、次々と成果を収めた。田中は、はじめ反射炉の技術主任をつとめたが、彼の本領は蒸気船にあって、蘭書の絵図面を参考にして設計図を作成した。その間、オランダ軍人の指導する長崎海軍伝習にも参加の機会を与えられて、蒸気船の現物を視察することもできた。

一八五四（安政二）年、佐野を監督にして三重津に藩の造船所が設けられた。藩内の技術陣が動員され、田中の書いた図面と田中の作った雛型が生かされた。日本最初の国産蒸気船凌風丸がこの地で誕生した。しかし、その後の佐賀藩は財政難もあって、自藩での造船を中止して外国船の購入に方針を変えたため、この一隻で終わった。

その間、田中は、生国久留米藩からのたっての要請を受けて藩の兵器製造所長となり、月の半分は佐賀、残りの半分は久留米という二重生活に移った。維新後には、一八七三（明治六）年に上京し、電信機の製造を始め、二年後に田中製作所を設けた。一方、養子の第二代田中久重は、一八八二（明治一五）年に田中製作所芝浦工場を起こした。これが今日の東芝の母体となった。後述する土光敏夫はその社長をつとめた。

筆者は、先に『明治のエンジニア教育』（中公新書、一九八三年）を著わしたとき、町の発明家としての田中をイギリスのJ・ワットと並べて比較するという一章を設けた。二人とも職人の子として生まれたが、正規の徒弟奉公もせず、正規の学校教育も受けていない。二人とも蒸気に強い関心を寄せたが、田中は広瀬元恭の門に入り本格的に蘭学を修めた訳ではないが、同門の友人に教えを乞い、佐賀藩の蘭学チームの一員となり蒸気船を製造した。ワットはグラスゴー大学の一角に機械修理の小さな工作所を設けて貰ったことにより、そこに集ってくる若い研究者や学生の会話を聞く間にセパレートコンデンサーを着想し、特許を取得してソホー製作所で大型の蒸気機関を製造しイギリス産業革命の牽引者となった。田中とワットの発明の結果には大きなちがいがあったが、それは広瀬塾とグラスゴー大学の学問水準のちがいに起因するものであって、二人の発想力のちがいではなかった。

田中については、古くは、堀江恒三郎著刊『田中久重翁』（一八九七年）があり、その後、田中近江翁顕彰記念会編刊『田中近江大掾』（一九三一年）が出され、両書の中に田中の自筆年譜が収められている。近くは、今津健治『からくり儀右衛門』（ダイヤモンド社、一九九二年）が参考になる。

## 3　独学創世の仕事人　渋沢栄一

立身出世と言うけれども、立身と出世はちがうと、教育社会学者で京都大学教授の竹内洋は解釈している（『立身出世主義』日本放送出版協会、一九九七年）。立身とは、もともとはサムライ世界の中で知行の増加がその内実であるのに対して、出世とは、町人の世界で財産を築くとか、田地や家産を増やすとかに使われたと言う。渋沢栄一は、一時サムライ身分となり、維新後は大蔵官僚となるけれども、一八七三（明治六）年に自称商売人となって実業界きっての成功者となったので、出世人の代表者と称してよいであろう。

渋沢は、一八四〇（天保一一）年武蔵国血洗島（埼玉県深谷市）にアイ（藍）玉の栽培、製造、販売を業とする半農半商の家に生まれた。幼少のときより、在郷知識人の父市郎右衛門と、漢学の素養のあるいとこの尾高惇忠からプライベイトの形での指導を受けた。幕臣の昌平坂学問所や藩士の藩校のような正規の形での漢学教育ではない。

尾高の影響で水戸学に傾倒して攘夷運動に加わり、横浜で外国人殺傷のための焼き打ち計画に加担したが中止、その後一橋家の平岡円四郎にさそわれて、徳川最後の将軍慶喜に認められ、幕臣となった。慶喜の弟昭武に随行を命じられて幕府遣欧使節団の一員として西洋の経済事情を視察する好機に恵まれた。帰国後、生涯の盟友となる大隈重信に、新政府作りの「八百万《やおよろず》の神」の一柱となれという名説法に動かされて一時大蔵官僚となり、国立銀行の創立などに力量を発揮したが、六年後には上述のように商売人に転じ、以後民間の実業人としての輝かしい生涯を送った。

渋沢の伝記を執筆した幸田露伴は、渋沢が官を辞するまで筆を折り、それからが渋沢の「真生涯」と評した（『渋沢栄一伝』岩波書店、一九三九年）。渋沢自身も、この波乱にみちた若い時代の一五年間を、「予が痛恨の歴史とその教訓」と題して「一時の客気―十五年の損失」と反省した（『龍門雑誌』第二七三号、一九一一年）。彼の「真生涯」に入るまでの経歴を損失と見るかどうかは意見の分かれるところである。フランス出張で西洋の事情を見聞したこと、大蔵官僚として実践したことなどは、普通の「商売人」には体験できなかったことだからである。

商売人としての渋沢の人生は、実に精力にみちあふれたものであった。渋沢の伝記資料をまとめた土屋喬雄によれば、五〇〇件の商工業関係事業と六〇〇件の公共社会事業を手がけた。商工業関係事業では、銀行業から始まり製糸業や製造業など幅広い領域の事業に関係して、日本の資本主義社会の創世主となった。合本主義を主張する渋沢が独自主義に立つ三菱の岩崎弥太郎と海運業をめぐって激しく対立したことは有名である。

飛鳥山の自邸の下方に王子製紙会社を設けたとき、「花の魁《さきがけ》は梅花」であり、製紙は「百花中の梅花の位置」を占めるものである、という名言を吐き、出版文化にも著大な寄与をした。彼の著作物や講話筆記などは次々と活字に変えられ、その量はぼう大なものになり伝記資料全五八巻と別巻一〇巻にまとめられた。

社会公共事業もまた、東京養育院や商法講習所から始まり多方面にわたっている。特に重要なことは、学校を卒業していない彼が、学校の重要性を認めて支援をしたことである。成瀬仁蔵の日本女子大学や大隈重信の早稲田大学に寄附金を拠出した。早稲田に対しては、一九〇一（明治三四）年に東京専門学校が大学部を設けた際の第一次募金計画を手始めに、理工科設置の第二次募金計画などに中心的役割を果たし、一九二九（昭和四）年の同校の記録では、その間の渋沢の寄附金額は七万円に達した。一九一七（大正六）年に同学は渋沢の喜寿を祝して恩賜記念館に渋沢の肖像を掲出している。

渋沢が最も力を入れたのは、商業教育の振興であった。商人は学理をもって実務を処理して「自働的進歩」を遂げよ、という彼の信条を実現するためには、実践力にたけた商人を育てることは重要事であった。渋沢が出かけて講話をなして生徒を激励した高等および中等の商業学校の数は二一校に及んだ。大倉喜八郎が私費を投じて設けた大倉高等商業学校では六回、水島鉄也の神戸高等商業学校では五回の記録が残っている。

渋沢が最も力を込めて支援したのは、明治のはじめに商法講習所として出発し、その後資金面で苦節を重ねた東京高等商業学校（のち東京商科大学）であった。渋沢は、同校の創設時から関係をもち、「専門学校令」による高等商業学校へ、さらに「大学令」による商業大学へと、一九三〇（昭和五）年に蔵前から国立《くにたち》への移転に至るまで同校の発展を見届けて、その翌年に死去した。

特に、明治四一年と四二年の干支《えと》にちなんで名づけられた申酉事件は、帝国大学および文部省の両者に対峙して高等商業学校の大学昇格を目ざす確執に起因する難事件であって、一つ間違えば同校の廃校に陥りかねない事態となった。全員退校を決意して激高した高商の生徒をなだめるため、渋沢は生徒に対して涙の慰撫演説をして事を収めた。渋沢は、同校の卒業式では一五回の講話をしているし、特別講義も担当した。同校の同窓会を如水会と命名したのも彼である。大学の講堂にも、如水会の会館にも渋沢の胸像が安置されている。

渋沢の商業教育論は卓抜したもので、今日でもその価値を失わない。拙著『渋沢栄一と日本商業教育発達史』でそのことの考証をしたが、ここではその要点のみを記してみる。

渋沢は、商人は政治の嬖臣になることなく自働的進歩をせよ、そのためには学問と事業を一致させるための勉強をせよ、その勉強は生涯にわたって間断なく継続せよ、と説いた。商業教育は、国家が上から設けたものではなく、地から陽炎（かげろう）のように湧き上ってきたものであるという彼の言葉は、同校の苦節の歴史を見てきた彼の感懐から生み出されている。

渋沢の自修自営の勉強論と並んで注目すべきは商業道徳論である。その際、彼は中国の『論語』を独学で勉強した。彼の傾倒したのは陽明学として知られる王陽明の論語解釈であった。経済と道徳、私利と公利、利と義は一致するものとして渋沢の「算盤論語」説が生まれる。陽明学者三島中洲もこの論を支持したことが渋沢を勇気づけた。彼は精力的に『論語』を勉強するとともに、関係書の蒐集につとめた。彼の集めた書籍は、現在東京都立中央図書館に所蔵されている。

東京商科大学の前身校の時代から、校長・学長を勤めた同校出身の佐野善作は、「商業教育界の青淵先生」と題する追悼文の中で、商業教育の歴史は、啓蒙運動、整備運動、倫理化運動の三つの段階を辿るが、渋沢はそのいずれの段階においても多大の貢献をしたけれども、特に倫理化運動に果たした役割は著大であったと記した（『如水会々報』「青淵先生追悼号」一九三一年）。

渋沢については、幸田露伴のような著名な小説家たちによる伝記があり、また彼自身の回顧録（例えば『雨夜譚《あまよがたり》』など）があり、加えて土屋喬雄のような研究者の評伝など、汗牛充棟の感のするほど多数である。中でも、土屋の編集した『渋沢栄一伝記資料』（本巻五八巻、別巻一〇巻、龍門社、一九三〇～四〇年）はぼう大なものである。その中から一冊だけ挙げるとすれば、渋沢研究会の編纂した『公益の追求者―渋沢栄一』（山川出版社、一九九九年）を推したい。専門を異にする二四名の執筆者（筆者もその一人）が様々な角度から渋沢に迫った総合的な研究である。加えて、山本七平『渋沢栄一―近代の創造』（祥伝社、二〇〇九年）も参考になる。

## 4　学校創設の仕事人　H・ダイアー

明治のはじめ、多数の外国人教師が雇われ日本人に西洋の科学や技術を教えたが、その中に、独創的・実験的な学校づくりに成功したイギリス人がいた。ダイアーがその人である。筆者は、イギリスでも日本でもなぜか忘れ去られていたこの人物に初めて光を当て、両国で資料調査をなして、著作集や評伝や論説を発表してきた。

ダイアーは、一八四八年、グラスゴー近郊に職工の子として生まれ、地元の鉄工所に付属する小学校を出てその鉄工所で働いた。彼に本格的な徒弟奉公をさせるために一家はグラスゴーに移住した。彼は夜間にアンダーソンズカレッジに通い、徒弟期間が終わるとグラスゴー大学に進学し、各種の賞を受ける優秀な成績をあげた。

たまたま日本では、工部省が設けられて学校計画が立てられ、その教師陣の雇い入れが課題となっていた。岩倉使節団の副使としてイギリスに出張した伊藤博文がその人選をすることになり、幕末に長州ファイブの一人としてイギリスに留学したことのある伊藤はそのころの知己にその依頼をしたところ、グラスゴー大学のランキン教授の推薦で二四歳のダイアーに白羽の矢が立った。ダイアーは、工学寮（のちの工部大学校）の都検（英文契約書では principal）として、月給五五五ドル五五セントの高額で雇われることになって、他のイギリス人教師陣を整えて来日した。月給は六六〇〇円に増額された。参議の月給が五〇〇円で、一ドル一円の時代であった。

若いダイアーは、東洋の島国で、イギリスにない新しいカレッジを作りたいという熱情に燃えていた。当時のイギリスは大陸諸国の追い上げで、産業革命の先進国の名にかげりを見せていた。その一つの原因は、ポリティカル・カレッジによるエンジニアの養成のおくれにあると感じていた。ダイアーは、来日の船旅の二か月間、英語に達者な林董（のちの外務大臣）の助言を受けながら、新構想のカレッジ計画を練り、それを工部省の首悩となっていた山尾庸三に手渡した。山尾は、伊藤と同じ長州ファイブの一人であって、かつてアンダーソンズ・カレッジで席を同じくした間柄であることに気づき二人の信頼関係は深まり、山尾は工学寮創置の全権をダイアーに一任した。

ダイアーが船中で構想したカレッジ計画は、そのまま邦訳され、翌年に「工学寮入学式並学課略則」として布達されて生徒募集が始まった。その内容は、大陸諸国のカレッジシステムにイギリス伝統の現業修業を組み合わせた、世界に類例のないトップレベルのエンジニアリング・カレッジであった。六か年の修業年限を、予課学・専門学・実地学に三区分し、教養と専門学と実地を組み合わせた。しかし、主眼は実地にあって、工部省の国営事業の設計図を書くことを総仕上げにした。ダイアーはこれを「学問のある専門職（learned profession）」と称した。任期の契約五年間を越えて、まる九年間在職して、その間に鉄道、電信、建築、土木、鉱山などで活躍する優秀な人材を多数育てた。一八七九（明治一二）年に第一期卒業生を送り出すに際して、「専門職業教育」と「非専門職業教育」と題する二つの演説（ともに英語）をなし、両者が工部大学校から『エンジニアの教育（*The Education of Engineers*）』として発刊された。当時の世界でも最高水準の工業教育論であって、ダイアーは工部大学校の創始に際して、これだけの教育思想をもって臨んだことの証明になる。

一八八二（明治一五）年、ダイアーは大業を成し遂げたあと、グラスゴーに戻った。このとき彼は次なる夢を抱いていた。それは、グラスゴー大学が造船学の教授を公募しているという情報を得ており、母校の教授に就任したいという期待を抱いたことである。このときの応募書類がグラスゴー大学アーカイブスに残されているが、彼は工部大学校の成功について第三者の評価を並べた。しかし、五名の応募者の中で専門学のペーパーのない彼は落選した。それから二年後、前任者の辞職に伴って二度目の公募がなされたときも、同じ理由から失敗した。日本での学校創設の仕事は、教授選考人事では評価されなかったのである。

そこで、ダイアーは、第二の夢を実現しようとした。グラスゴーには、彼の通ったアンダーソンズ・カレッジをはじめ四校の技術カレッジが存在していたのを一つにまとめて、グラスゴー・西スコットランド技術カレッジをつくることに寄与した。今日隆盛を見せているストラスクライド大学の前身校である。彼は帰国後の著書の中で、このカレッジにおいて、「私は日本から工部大学校の学科課程を移転（transfer）させることができた」と記している。

この著書こそ、彼の主著『大日本（*Dai Nippon*）』であって、帰国後のダイアーの第三の仕事である日本研究の成果である。こののち、彼はもう一冊『世界政治の中の日本（*Japan in World Politics*）』を書き加えた。ともに五〇〇頁を越える大作である。ほかに日本に関する九件の論説も発表して、日本を国家進化（National Evolution）の典例国として紹介した。当時の日本では、「開化」という言葉が使われていて、それになじむかと思われる。工部省を創設した際の申請書には、「神州富強開化」という目的が記されていて、ダイアーはそのことに貢献した開化の仕事人である。

ダイアーが日本でなぜ成功したのか。思いつく理由は六点ある。

第一点。日本のニーズを迅速に、かつ的確に把握した洞察力と先見力である。随伴者の助言を得ながら、当時の日本に何が必要であるかを見抜いていたことは、迎える側の山尾庸三と期せずして一致していた。

第二点。異邦の地ですべてをまかされ、教育実験をなすことの使命感に燃えて発揮した企画力と行動力である。当時のイギリスではプレイフェアのような先覚者による工業教育の提言はあったが、保守的な国柄ゆえに容易に進捗しないことへのもどかしさを感じていた彼にとって、白紙の状況から新しい企画を実行できる好機となった。

第三点。どのような学校を創るかという構想力である。彼は、来日前に大陸諸国におけるカレッジの状況を確かめたうえで、イギリスの伝統的な実地修業を組み合わせて、実験的で理想的な学校を構想した。

第四点。工業系の修業と教育を受けた経歴にしては珍しく教育の理論力をもっていた。彼の講演集『エンジニアの教育』はそのことの証拠である。

第五点。創設した学校のイギリス人教師陣（はじめ七名、のち六名追加）をまとめた統率力である。同じように五名のイギリス人教師でスタートした駒場農学校では結束が乱れて、全員ドイツ人教師と交代させるという事件が生じていた。自己主張の強いこれだけ多数のイギリス人をまとめたのは、ダイアーの人柄もさることながら、仕事の目的や役割が明確であったことによるであろう。

第六点。学校経営の最終的評価は、どれだけ多数の仕事のできる人材を育てたかにかかっているが、この点でダイアーは成功者であって、その教育力と教化力にたけていた。特に学生との親密な関係は語り草となっている。学生を紳士として扱い精神的な感化を与えた。門下生の一人で琵琶湖疎水事業を成功させた田辺朔郎のごときは、書斎にダイアー夫妻の肖像を掲げて生涯の師と仰いだ。

工部大学校は、その後、森有礼の文政期に帝国大学の中に含み入れられ工科大学となった。それまでの東京大学には、理学部の中に工業系学科が含まれていてそれと工部大学校が合体することになった。工部大学校の学生はこれに反発し、森へ長文の上申書を出し、工部大学校は「理論ト実業トヲ兼ネ教ヘル」所であると訴えたが、叶わなかった。

ダイアーについては、日本語では、拙著『ダイアーの日本』（福村出版、一九八九年）を、英文では、筆者のまとめた『著作集』（全五巻）と伝記（皿田琢司・愛子訳）を参看されたい。

## 5 学校経営の仕事人 手島精一

学理と実地の結合という理想は、工部大学校が帝国大学に併入することによって、継続不可能になったが、この理想をより低位の工業教育機関で実現した名校長がいた。東京職工学校、東京工業学校、東京高等工業学校、東京工業大学と目まぐるしく名を変えながら、日本の工業教育の最高学府となった名門校の第二代校長として四半世紀にわたり学校経営の仕事人として名をなした手島精一である。

手島は、幕末の一八四九（嘉永二）年に沼津藩士の次男として江戸に生まれ、一二歳のとき菊間藩の下級藩士手島右源太の養子となった。幼いころから学問を好み藩校明親館で英学を修め、アメリカ留学の希望を抱いた。洋書を愛読していた養父は、手島の希望を叶えるため、僅かの秩禄を抵当に入れて資金をまかなった。一八七〇（明治三）年に出国するとき、義母は古着を仕立直して洋服まがいの珍妙な服装で送り出した。

アメリカに着いた手島は、フィラデルフィアの学校に入り、翌年には運よくイーストンのラフェット大学に入学を許された。大学で本格的な学問をするつもりであったが、一八七二（明治五）年、そこに岩倉具視の率いる総勢七〇名の使節団がやってきて、彼に通訳と案内の仕事を依頼した。止むなくそれに応じた手島は、一行に連れ立ってヨーロッパに渡った。新政府の官僚と面識の間柄になった彼は、四年四か月後に帰国すると官職に取り立てられ、三つの公務を担当するようになった。その一は、東京大学の母体となる開成学校の事務であり、その二は、五回にわたる万国博の事務担当であり、その三は、万国博で蒐集した物品を展示する教育博物館の経営である。

その間、手島は、世界の教育事情に精通した国際派の仕事人として、一八九〇（明治二三）年、当時の東京工業学校長に就任して学校経営者としての人生を送ることになった。同校は、一八八一（明治一四）年に創設された東京職工学校に起源をもち、初代校長正木退蔵の後任校長であった。この職工学校の創設に手島がどのようにかかわっていたかは議論が分かれているが、筆者の考証したところでは、手島は世界の情報を伝えるなどの協力はしたけれども、ダイアーのような直接の学校創立者ではない。創立に際しては当時の実力派文部官僚久鬼隆一の力が大きかったと思われるからである。

東京職工学校は開校したものの、入学志願者は少なく不振の状態に陥っていた。校名にも魅力が乏しかった。久鬼は従来の年季徒弟を「不完不備の俗習」と批判し、学校をもってこれに代えようと考えたが、当時の工業界は未発達であってこの種の学卒人材を求めるに至らなかったことも一因である。この一〇年間の低迷状態を脱却するため、同じく有力文部官僚で、当時専門学務局長の職にあった浜尾新は、体調不良を理由に辞職した正木の後任に手島を任命した。浜尾と手島の交誼は手島の生涯にわたって継続することになる。手島は期待にこたえて、後半生をかけてこの学校長として、同校を隆盛に導いた、いわば「中興の祖」としての仕事をした。

手島には、確かな教育方針があった。それは一八七六（明治九）年のフィラデルフィア万国博を皮切りに、明治一一年のパリ万博、明治一七年のロンドン万国衛生博、明治二四年のシカゴ万博、明治三六年のセントルイス万博の事務責任者として出張して感じた世界の状況が刺激となっていた。世界の先進諸国は商工業の熾烈な競争にしのぎを削っているという現実であった。手島はこれを「平時の戦争」とか「無形の戦争」とか称した。日本がこの競争に立ち向かうためには強力な商工軍を欠かせないと考えた。中でも必要なものは、将官・士官・兵卒の三層から成る工業軍であり、その中でも技術開発の最前線で仕事をする士官クラスの適良の技術者の養成が急務であるとした。

校長となった手島は、この技術者教育の内容や方法について思索を重ねて、帝国大学とはちがう特色発揮に努力をした。その努力の甲斐あって、同校は、一九〇一（明治三四）年に高等工業学校に昇格し、工業教育のトップの座を占めるに至った。こののち全国各地に実業専門学校としての高等工業学校が相次いで設けられることになるが、その範例を示したのが手島の高等工業学校であって、そこから教師陣も送り出された。教育目的は「適良な工業技術者」の養成で一致していた。

昇格の年の「学校長報告」では、「夫レ当校ハ実業ヲ教授スル所タルヲ以テ、我邦工業ノ進捗ト其実況トニ応ジ、適切ナル技能及ビ学理ヲ授ケ、以テ夫ノ空理ニ流レ労働ヲ嫌厭スルガ如キ弊風ハ務テ之ヲ矯《た》メザルベカラズ」と記した（『東京工業学校一覧』明治三四年度）。この教育方針は、手島の校長就任時から、一九一六（大正五）年の退官時まで一貫して変わることはなかった。実用の学理に精通させるとともにその活用の途を開かせて、適良の技術者を育てることを同校の目的にし、その後の高等工業学校もこれにならった。

その後の手島は、彼の学校を三つの方向に拡張した。第一は、工業教員養成所を付設して、全国各地に勃興しつつあった中等工業学校の教員を供給した。中等工業学校を創設しようとする地方自治体では、まず手島に依頼して校長や教諭の派遣を要請したので、手島の高等工業学校の本校および教員養成所の卒業生は、手島の教育方針を全国に弘布する伝道師的役割を果たした。中には「渡り校長」として複数の学校を経営する者も出た。手島は、それらの「校長の校長」であって、校長の仕事人と呼ぶにふさわしい。

第二の方向は、技術者の下で働く職工の教育へと下方への拡張である。手島は、「技術者及び職工」という言葉を多用した。その技術者教育の本拠は、高等工業学校の本校であるが、その附属校として職工教育にも力を入れた。そのため、二種の学校を設けた。一は、フルタイムの職工徒弟学校であり、二は、パートタイムの工業補習学校であって、併せて職工教育と称し、蔵前でその範例づくりをした。この二種の学校について、手島は多数の論説を発表した。特に補習学校についてはドイツのミュンヘン市におけるケルシェンシュタイナーの実践に注目し、日本におけるそれの義務化まで提唱した。

第三の方向は、外に向かっての拡張である。特に中国との関係強化を願っていた彼は、自校への中国人留学生の受入れに積極的であった。ひたすら欧米先進国をモデルにして日本の工業を近代化することを目ざしてきた手島の中にアジアの中の日本という意識が芽生えるのは意外と早い。日本はアジアの中で一頭地を抜きつつあると感じた彼は、日清・日露の戦争を契機に、アジアのリーダーとしての日本の役割を主張するようになる。晩年執筆の「回顧五十年」の中では、「一時は吾々当局者は、工業を他国人に授けてやつたならば、敵に糧を与へるやうなものであるから、どうであらうかと云ふ考へを持つたこともある。併しそれは尚ほ深く考へて見ると、さう云ふ雅量の狭いことでは教育の首脳となつて行くことは出来ない。日本は益々進んで行けば宜いのである」と記した（『工業生活』第二巻一号、一九一六年)。手島の高等工業学校は、中国人留学生の受け入れ数において官立学校の中で第一位であり、その伝統は今日まで引き継がれている。

校長としての手島は、教育界はもちろん、官界や経済界とも太い人脈を築いた。特に渋沢栄一は、手島を敬愛していて、手島の顕彰行事には必ず参加したし、手島を称える論説も発表している。二人の交流の発端は、明治の中ごろ、渋沢は手島にある会社の社長就任を依頼したところ、自分は教育一筋に生きたいという丁重な断わりをしたことに、渋沢は大いに敬服したことにあった。給料も地位もそのほうが有利だと判断したこの浅慮を恥じたのである。手島が退官したときの表彰式で渋沢は、手島を「真個の知己」と称えた(『蔵前工業会誌』第一五五号、一九一六年)。

手島を校長の仕事人と評するには、理由は多い。一生一業、校長として生き抜いたその持続力と精神力をまず挙げる。日本の工業教育の大きな森を構想するに際しての理論力も大きい。その森の中にそびえる一本の巨木を育てあげた行動力も見逃せない。日本の教育界にあらわれた最高の名校長である。

手島については、手島工業教育資金団編刊『手島精一先生伝』(一九二九年)、大日本工業会編刊『手島精一先生遺稿』(一九四〇年)、安達龍作『工業教育の慈父手島精一伝』(化学工業技術同友会、一九六二年)、拙著『手島精一と日本工業教育発達史』(風間書房、一九九九年)などがあり、近くは、拙著『手島精一—渋沢栄一が敬愛した日本の名校長』(青簡舎、二〇二二年)がある。

## 6　国際交流の仕事人　保良せき

国際的仕事人と言えば、医療関係者の中に著名人が多い。例えば、アメリカのロックフェラー研究所で細菌学の研究をし、アフリカのガーナで黄熱病の研究中に病死した野口英世や、近くはアフガニスタンで貧民医療と井戸堀活動をした中村哲などが思い浮かぶ。ここでは、同じ医療でも保健事業に功績のあった女性看護婦保良せきに注目したい。保良についてはエッセイストのべっしょちえこの執筆した伝記があり、それが参考になる。べっしょは、一九七九（昭和五四）年に大阪千里の邸宅において保良に聞き取りをしながらこの書をまとめた。ほかにも、関係者による保良についての論説もある。

保良せきは、一八九三（明治二六）年、長野県飯田市の素封家小林家の三姉妹の三女として生まれ、郷里の飯田高等女学校を卒業した。その間にキリスト教に帰依し、国際人としての仕事をするようになる。その波瀾の生涯は五期に分けられると思う。

第一期は、諏訪ルーテル教会に通ううち、フィンランド人ニュールンドにすすめられてナイチンゲール伝を読み、看護の道に進むことを決意した。慈恵会医院看護婦養成所に入所し三年間学んだが、その院長高木兼寛からもナイチンゲールについての知識を得た。高木はイギリス留学中にナイチンゲールと関係のある聖トーマス病院で修業した経験の持ち主であった。

第二期は、自らアメリカに留学して、八年間、勉学と実地の体験を積んだ。当時のアメリカの看護婦は、日本と比べて資格と社会的地位が格段に高く、保良はそこで多くのことを学ぶことができた。婦人伝導師になるという当初の留学目的を変えて看護婦の道に進むことになった。資格を生かしてロスアンゼルスの日本人病院で働くうちに、当時日本人留学生の母と称されていたハリソン女史の助言と、のちに夫君となる保良貞四郎のすすめが影響した。以後の保良は、その道を極めるための猛勉強をし、実地の体験を重ねた。YWCAで英語の学習もした。その甲斐あって、コロラド州で正看護婦資格試験に合格した。日本人初の快挙であった。さらにコロラド病院看護婦学校の課程を修了し、デンバー市の訪問看護士として二年間実地の修業をし、引き続きコロンビア大学ティーチャーズカレッジの師範部看護学科に四年間在籍した。学位は取得していないので、聴講生であったと思われる。その間、ニューヨーク市のヘンリー・ストリートで訪問看護の経験もした。アメリカ滞在は八年間に及んだ。

第三期は、大阪に帰って訪問看護の事業に着手し、アメリカで学んだことを日本に移し入れた。当時、看護教育において、日赤と並んで最前線を行く聖路加病院からの誘いを断わり、乳幼児の死亡率が最悪であった大阪を活動の拠点にした。大阪では、朝日新聞社の社会事業団の活動が始まっていて、保良は同社の社員として「公衆衛生訪問婦協会主任」に就任した。同志社神学部出身の浜田光雄主事と二人三脚で訪問看護という新しい事業に携わることになり、ヘンリー街のセツルメントの体験を生かした。保良は、この協会に数名の看護婦を募集することにしたが、その採用条件に、高女卒業後三年間の看護教育を受け二年間の実務経験を持つ者とし、採用した者には高給を支給することにした。アメリカのような程度の高い学歴と経験をもつナースを理想としていた。一九三七（昭和一二）年に「保健所法」が公布され保健婦が誕生したため、その翌年に朝日新聞社の事業は中止になった。

第四期は、日本の看護婦や保健婦を結集させた一大職能団体の発足に寄与した。当初、彼女の帰国時の一九二九

（昭和四）年に設立された日本看護婦協会を国際看護婦協会に加盟させて国際的な認知を得ることに努力した。保良はすでに滞米中にカナダで開催されたその国際協会にオブザーバーとし参加する経験を有していた。協会加入の条件の一つとして専門的機関誌の刊行が求められていたので、帰国後の保良は、個人の手で雑誌『看護婦』を出版した。経費や執筆者の確保などその苦労は並大抵ではなかったけれども、一九三一（昭和六）年から一六年間継続した。一九三三（昭和八）年に日本看護婦協会は国際看護婦協会への加盟が認められた。

第五期は、保良の有終の美を飾る看護行政の担当である。アメリカ占領下の厚生省医務局の初代看護課長に就任したのである。総司令部のオルト女史（陸軍少佐）は滞米中の保良の活躍を知っていて、看護職の専門職化を目ざし、厚生省に看護課を設けたり、一九四八（昭和二三）年には「保健師助産師看護師法」を制定したりするなど、諸種の改革を断行する中で、保良の活躍に期待した。しかし占領軍の施政下であり、法律や行政に経験の少ないことなどがあって、彼女自身の力を発揮するには至らないまま二年後には辞職した。当時の下僚やその後の関係者による保良課長の評価は余り高くない。

以上の五点は、「国際」という視点から見た保良の仕事であるが、そのほかに保良は、聖和、同志社、天理、神戸と大阪の女学院などの女子教育機関で教鞭をとっているし、晩年には夫の貞四郎が設立し、夫の没後は子息徹の経営する幼稚園で、彼女の理想とする幼児教育に従事するなど、教育面での実践をして、一九八〇（昭和五五）年に没した。

アメリカに渡った女性と言えば、明治のはじめにアメリカで学んだ津田梅子を想い起こす人は多いであろう。津田は帰国後、津田塾を設け教育一筋に生きた。これに比べると、保良の名前は余り知られていないが、アメリカで看護の学問と実地とを精力的に学びとり、日本の看護教育の底上げに力を尽したことの功績は大きいと思う。彼女の先見力と決断力と行動力を評価するからである。今日、日本の看護教育は医学部に看護学科が設けられ、その水準は大きく向上したが、保良の行動は時代を先がけていた。

保良については、べっしょちえこ著『生《あ》れしながらの―わが国保健事業の母保良せき伝』（日本看護協会出版部、一九八〇年）が唯一の伝記である。ほかに『慈恵医大誌』や『日本公衆衛生学会誌』などの論説がある。

## 7　地域創生の仕事人　大原孫三郎

江戸の幕藩体制下では、各藩が「地域」であるとともに「国」であった。その国の藩主や家老などは藩財政を建て直すための殖産興業の事業に乗り出した。例えば、先述した佐賀藩の場合、開明的藩主鍋島直正は、執政鍋島安房の補佐を受けて藩政改革を断行し、領民には徹底的な節倹を求める一方で、「国産方」や「代品方《かわりじな》」を設けて国産奨励策を進め、貯えた財力で砲や蒸気船の製造をした。明治維新直後の越後長岡藩では、山本有三の『米百俵』の小説で有名になる小林虎五郎の逸話もある。しかし、ここでは近現代の日本で地域振興に貢献した人物として大原孫三郎に注目してみたい。

大原孫三郎は、一八八〇（明治一三）年に備中の倉敷村（現倉敷市）の富裕な土地地主の子に生まれ、数々の大事業を成し遂げて、一九四三（昭和一八）年に倉敷の地で没した。倉敷は、徳川時代は幕府直轄の天領であり、近郊の米や綿などを集積して川筋を使った運輸業で栄えていた。大原の孫で経営を継承した大原謙一郎によれば、「天領の自由闊達な雰囲気の中で芽生えた伝統的な市民意識が今も生きている」街である（『倉敷からはこう見える』山陽新聞社、二〇〇二年)。大原の創った大原美術館を中心とする文化都市として今日も多くの観光客を集めている。大原と深い関係のある元東京大学総長大内兵衛によれば、「倉敷はいまの日本で焼け残っている地方の中小都市のうちで一番美しい町、少くともその一つであるが、この町に、これだけ余裕と美しさを与えているものは何か」と問いかけ、「この町の出身者大原孫三郎の財力とその財力の使い方がこの倉敷を日本の名所としている」と考えた(「大原孫三郎伝」『心』平凡社、一九五四年)。

大原については、大内と同じように大原と関係の深い元文部大臣で広島大学初代学長森戸辰男の序文のついた詳細な伝記がある。それによれば、大原は学卒人材ではない。地元の小学校から和気の旧藩校閑谷学校に入学し、一六歳で東京専門学校(早稲田大学)に進学するも、学問に興味が湧かず、裕福な名家の三代目にありがちな放蕩三昧の生活を過ごして、二〇歳のとき退校し帰郷した。

彼の人生を変えたのは、三人の友人との出会いであって「益者三友」と称した。一人は、東京専門学校時代に同宿していて東京帝国大学農科大学に進学した森三郎であって、二宮尊徳の『報徳記』をすすめられ、農業への関心を抱いた。二人目は、地元の薬種業林源十郎であって、同志社を出た林は大原にキリスト教への入信をすすめ、岡山孤児院を経営していた石井十次を紹介した。第三の親友は、小学校の同級生で同志社に学び社会主義に傾倒していた山川均である。山川の長姉は林の妻であり、大原、林、山川の三人の関係は緊密であった。

やがて大原は、人道主義に基づく人生の意義と天命を自覚するようになる。その精神をもって実業界に出た大原は次々と大事業を遂行し成功した。実業家としての大原の仕事は大別すれば三分野にわたるであろう。その一は、家業を継承発展させた産業事業であり、その二は、労働者の福祉を増進させる社会事業であり、その三は、地元民の教養を高める教育事業である。以下にその概要を記してみる。

第一の産業事業は、倉紡と通称される倉敷紡績の経営であって、二六歳のとき社長となり、当時三万錐の小工場を六〇万錐にまで拡大した。加えて、四五歳で倉敷絹織を、五四歳で中国レーヨンと業種を拡張した。そのほか、金融業として今日の中国銀行を、電力業として今日の中国電力の母体づくりに寄与した。彼は、日本を代表する企業家、資本家となった。

第二の社会事業は、石井十次の岡山孤児院の支援から始まり、その後は救貧から防貧へと関心を広げ、資本家と労働者の一致点を見出したいと念じ、一九一九（大正八）年、大阪に社会問題研究所を設けた。社会主義思想に傾斜しているという理由から当時の社会から疎外されていた大内兵衛や森戸辰男などを研究員として迎えた。その研究所で集めた書籍は、戦後大内が学長をつとめていた法政大学に移された。それから二年後、大原は倉敷労働科学研究所を設け、「労働理想主義」と称される社会貢献もしている。

第三の教育事業は、上述の二事業より早く一九〇二（明治三五）年、彼の二一歳から二二歳にわたり始めている。この年、一挙に倉敷教育懇話会、倉紡職工教育部、私立倉敷商業補習学校、倉敷奨学会、倉敷日曜講演を設置、開始している。このうち特に重要なものは倉敷日曜講演であって、一九二五（大正一四）年まで二四年間にわたり継続した、彼の最も多彩で最も評価の高い社会教育実践活動であった。その講師に委嘱した人物は日本を代表する著名人であった。例えば、新渡戸稲造、徳富猪一郎、海老名弾正、高田早苗、安部磯雄などである。第六〇回講演では大隈重信が「国民教育ニ就テ」と題して論じたが、このときは早稲田の同窓生の支援もあって、会場のテント内に三千人、場外に三千人が集まるという大盛況であった。

大原の教育事業には、学校設置も含まれていた。静思小学校内に設けた倉敷商業補習学校を手始めに、農業学校を設ける計画を立てたが、土地買収が難行したため、自己の田畑一〇〇町歩を寄付して、「行学一致」の農業教育に着手した。そこでは、学問として農業を研究するために内外の学術図書を購入して研究施設として有名となった。戦後になってその図書は岡山大学に寄付され、倉敷に同学の農業生物研究所として一般公開されている。若いころ学問嫌いであった大原は誰よりも学問を愛していて、学問の発達を支援した。後継者の長男総一郎、その長男謙一郎をともに東京帝国大学に進学させた。

大原は、倉敷を愛し倉敷にこだわり続けた。早くも、一八九〇（明治二三）年には、「倉敷町宣言」を起草している。曰く、「一に、実業の発達を計り、勤倹貯蓄を実行する事、二に、教育の発達普及を計る事、三に、人道を明らかにし、風俗の改良を計る事」を、倉敷尋常小学校で町民の前で自ら読み上げた。世の実業家の中でこれほど郷里にこだわった人物は少ないと思う。「自分は倉敷という土地に執着し過ぎたかな」という独白を残している。彼は、愛郷心、精神力、判断力、行動力にたけた仕事人であった。

大原については、倉敷市立図書館郷土資料室に、関係する資料が集められている。その中で、筆者が特に参考にしたのは、伝記刊行会編『大原孫三郎伝』（中央公論事業出版、一九八三年）や大津寄勝典『大原孫三郎の経営展開と社会貢献』（日本図書センター、二〇〇四年）などである。

隣接する備後福山の名家の生まれである彼の妻寿恵子も、幼稚園の創設など大いに地域貢献したが、地域創生にかけた大原夫妻の絶妙な協力関係については、機を改めて論じたいと思う。

## 8　農業系学卒の仕事人　横井時敬

農業系学卒と言えば、近代日本の農業教育の二大拠点となった駒場農学校と札幌農学校の卒業生がその候補となり、前者からは横井時敬が、後者からは新渡戸稲造が浮かび上がる。二人のうち、いずれを仕事人と見るかについては迷ったけれども、ここでは農業世界により近い位置にいた横井を取り上げることにする。

横井時敬の履歴書は、死没のとき『大日本農会報』（第五六五号、一九二七年）に載せられている。それによると、横井は、一八六〇（万延一）年に肥後熊本藩士の家に生まれ、父は横井小楠の率いる肥後実学党と交流していた。横井は、藩校時習館を経て、一八七一（明治四）年に熊本洋学校に学びアメリカ人ジェーンズの指導を受けた。ジェーンズは洋学校生徒に翻訳させた『生産初歩』の著者である。

上京した横井は、一八七八（明治一一）年に駒場農学校に入学し、イギリス人お雇い教師のもとで学び、第二期生として卒業した。卒業後は、福岡県の農学校と勧業試験場に勤めて現場の農業体験を積んだのち、一八八九（明治二二）年から一年七か月間農商務省の技師となった。彼を引き立てたのは、駒場農学校のイギリス人教師と交代したドイツ人教師フェスカであった。この交代劇については前述したが、横井をドイツへの傾倒者に変える契機となった。

その後、浪人生活に入った横井は、『産業時論』とか『日本農業新誌』とかの雑誌編集に携わっていたとき、一八九四（明治二七）年に農科大学教授に就任した。さらにその後、一九〇七（明治四〇）年からは私立の東京高等農学校、それの昇格した東京農業大学の校長、学長を一六年間つとめたので、帝大教授と私大学長という二足のわらじをはくことになった。

横井は、自らを「筆の人、口の人」と称した。筆の人としての著作物は、その後の農学者に比べて圧倒的に多い。有名な単著は、福岡時代の『稲作改良法』から始まり、晩年の『小農に関する研究』に至るが、共著や校閲書などを加えると、筆者の調べた限りで八八件を数える。各種の雑誌に掲載された論説や口話筆記などは六六四件に達する。これらの中から、横井自身が編集に加わって重要と思ったものは『横井博士全集』全一〇巻（大日本農会内横井博士全集刊行会、一九二四〜二五年）に収められている。その全集にもれたものを含めて、横井の著書・論説の一覧は、拙著『横井時敬と日本農業教育発達史』の巻末に掲出している。彼の著作物の内容は、大別すれば、『栽培汎論』（一八九八年）のような農業生産学、『農政経済要論』（一九〇五年）や『農業振興策』（一九〇六年）などの農業経済学、それに『農業教授要項』（一九〇四年）や『農業教育及教授法』（一九二六年）のような農業教育学の三つの分野にわたる広範なものであった。

横井の思想を一言であらわせば、コクスイ的農本主義と称してよいであろう。彼は渋沢や手島のような商工業ではなく、立国の大本は農業であると主張する。農村は、保守的で健全であって、国民の食糧を生産し、いざ戦争となれば強力な軍隊を供給するゆえに、国家の土台であり大黒柱であり干城であると言う。世界の歴史を見ても農業衰えて永く栄えた国はない、「農業衰えて国遂に亡ぶ」と考えた。そこで彼は、世界の国選びの中で、イギリスを批判し、ドイツを称賛した。商工立国のイギリスにおいて農業が衰退しているためボーア戦争においてあれだけの苦戦を強いられたのに対して、ドイツは「哲学の国」であるとともに、科学や産業も盛んであり、特に農業は健全である。大学と同程度の高等農業教育機関も整備されていた。一八九九（明治三二）年、横井は一か年の留学を許されたとき、留学先をドイツにし、研究目的を農業教育とした。

横井の目ざした農業教育は、中等以上の農業者、特に中産地主を武士道の後継者に変えることであった。「吾人が農業教育を主張する所以の一は、志操を練り農民の品性を陶冶し、殊に中等以上の農民を以て三千年来継承し来れる健全なる我が国民思想、またその結晶たる武士道の継承者たらしめんと欲する点にある」と言う（『農業教育』第三〇〇号、一九二六年）。彼の考えた武士道とは、封建時代のそれではなく、「生産的武士道」である。これより先、新渡戸稲造は、*Bushido, the Soul of Japan* を著わし、武士道の中にある人間精神と道徳律を世界にアピールしたが、横井は恒産と恒心のある地方の地主に対して、「清浄の念、潔白の情」を発揮させることを求めたのである。

教育論もまた彼の独創的な発想から出ていた。何のための教育か、それは自活できる人間を育てることである、と彼は考えた。世の教育家は、「国民の品性を陶冶する」ことが教育であると言うが、「余輩は更に之より露骨に、又之よりも適切な解答を与へんと欲す。曰く、教育の目的は豊に食ふ所の国民を作るに在り」と。「教育は先づ以て自ら食ふ事の出来る人を作るといふことが人格を作るのと同一の重きものと考へる」と言うのである（『農村発展策』一九一五年）。

食う力を身につけるためには職業能力を身につけねばならない。その職業は一〇〇人中九九人までは実業が望ましいので、職業教育は実業教育でなければならない。実業と言えば農工商の三業が中心となるが、農業はその中心でなければならない。「実業の中にて農業より潔白なる職業はあるまい。何が故に潔白であるか。利を争ふの機会が最も少いからである」「されば農業は君子の職業として最も適当なるものである」と言う（『農業世界』第一巻三号、一九〇六年）。彼は、田園は「神聖であり高尚である」という田園礼賛の言葉を数多く発した。田園は長寿と品性を生み出すとも言う。先述の大蔵永常は、農民は利にさといから利へいざなうための農書を執筆したのと真逆の考えである。農民出身の大蔵と微禄とはいえサムライ出身の横井との考え方のちがいである。

そこで農業学校の果たす役割が重要になる。彼は、農業教育のあり方や農業教授法に関する多数の著作物を著わした。農業教育研究のためのドイツ留学から帰国した彼は、帝国大学教授のまま付設の農業教員養成所長に併任された。手島精一の工業教員養成所の成果を認めた文部省の施策であって、設置は手島のそれより五年後の一九〇二（明治三五）年であった。横井の農業教育教授法研究の拠点が整えられたのである。

もう一つ重要なことは、日本初の農業系私立大学である東京農業大学の学長をつとめたことである。元は、榎本武揚と徳川育英会によって設けられ、大日本農会の手に移されていた農学校の経営が横井に委ねられたのである。彼はこの学校を専門学校、大学へと昇格させることに寄与した。同校では軍隊農事講習などのエクステンション事業も展開した。

今日から見れば、横井の思想と行動は時代と逆行していた点も多い。農本主義の彼は、商業界の渋沢栄一とも、工業界の手島精一ともちがって、「成功」「向上」「立志」「修養」といった商工界の近代的モラルに反発した。坑することの難しい資本主義の潮流の中で、農村の自力更生という孤独な戦略のもと、自分の考えた進路を歩んだ。その一例は、農村の機械化に反対し、田植機械のごときは作れもしないであろうし、もし作れても使う必要はない、蒸気鑵を使う温室栽培は不要である、肥料は金肥でなく「糞《くそ》つかみ」の有機農法こそ理想である、と訴えた。

ここまで信念に燃えた仕事人は少ない。彼は独創的な理論力をもって、筆にし口にして教育界だけでなく日本の農村社会に訴えた。その影響力・感化力は著大であった。今日からの賛否は別にして一つの時代を動かした仕事人であることに間違いない。

横井については、拙著『横井時敬と日本農業教育発達史』（風間書房、二〇〇〇年）が唯一の単行書であるが、話題の人であっただけに、沢村真、佐藤寛次、佐藤義長、千葉敬止といった交友関係者や飯沼二郎、小野武夫、山田龍雄といった研究者たちの評論は多い。

## 9　工業系学卒の仕事人　土光敏夫

工業の世界には、先述した発明王田中久重がいて、その後も、発明王が続いた。自動織機から自動車工業への豊田佐吉であり、電気工業の松下幸之助である。しかし、豊田も松下も、長男の松下正治と豊田喜一郎は東京帝国大学を卒業させたものの、当人たちは学卒ではない。学卒の仕事人と言えば、本田宗一郎と土光敏夫が浮かび上がるが、二人とも帝国大学ではなく高等工業学校の出身である。本田は浜松高等工業学校、土光は東京高等工業学校で、工業の理論とその応用を学んだ。ここでは、二人のうち、先述した手島精一の感化を受けた土光敏夫に注目したいと思う。

ただし断っておきたいことがある。工業界の最初の学卒人材は、帝国大学でも高等工業学校からでもなく、先述したダイアーの工部大学校卒業生の中から輩出された。建築の辰野金吾、土木の田辺朔郎、火薬の下瀬雅允、造船の近藤基樹、化学の高峰譲吉などである。彼らはそれぞれの専門分野で仕事人として活躍したことを忘れてはならないと思う。

土光敏夫は、一八九六（明治二九）年に岡山県御津郡大野村（現岡山市北区北長瀬本町）に生まれた。先述の大原孫三郎とは同じ岡山県であって、大原より一六歳年少であった。大原の家は裕福な地主であったが、土光の家は中くらいの農家であって、父親は腕を痛めていたため肥料などの商業を兼業していた。土光は、岡山平野に張りめぐらされていた堀割を利用して岡山市内に出かけ肥とりの運搬作業に従事するなどして父親を助けた。

小学校を卒業して県立中学校（現岡山朝日高等学校）を受験するも三度失敗、やむなく高等小学校に進み、私立の関西中学校へ進学した。そこから、蔵前の高等工業学校を受験したが、一度目は不合格、二度目に念願かなって機械科に合格した。蔵前は、当時から難関校であって、手島精一校長のもとで学理と実地を身につけた技術者の育成に特色を発揮していた。手島は、一九一六（大正五）年に退職し、土光はその翌年に入学しているので、土光が手島の謦咳に接した訳ではないが、手島の作り上げた教育方針は引き継がれていた。例えば、中国との関係について、手島は中国人留学生を積極的に受け入れ、それは敵に塩を与えるものだという批判に対して、日本はそれより先を進めばよいと主張した。土光は、「万遍なくグローバルに輸出」するためには、「発展途上国に力を付けてもらわねばならず、技術協力が望まれる。もし発展途上国のレベルが上がって追いついたら日本はまた新技術でその先を行けばよい」と言う。まるで手島の考え方の二重写しである。

もう一点。手島は同校で理論を応用できる実践的技術力の形成に意を注いだが、土光は手島の申し子のような卒業生であった。在学中、神田の古本屋で見つけたスチーム・タービンの本を四苦八苦して読破した中で、タービンに取りつかれ、二四歳で卒業するとその技術を磨くために、隅田河畔の石川島造船所に入社した。幕末に水戸藩の設けた造船所の跡地に設けられた工場である。そこで、ドイツの科学雑誌などを参考にしてタービンの研究に打ち込み、「星を見ながら帰宅する」という生活を続けて、一九一五（大正四）年に最初の特許を取得し、その後も継続した。

一九二五（大正一四）年から二か年半、スイスのエッセンシャーウィルス社に研究留学して「タービンの土光」として有名になった。この留学は、就職時に交わした会社との約束であった。

土光は、タービンを造船業以外の電力業などの業種に拡張するための売り込みに従事した。このころから、技術者土光は実業者に変貌していった。新しい会社の設立や経営に関係するようになったからである。手島は、会社を経営する重役の中には、少なくとも一人の技術者を入れよと主張していたが、技術者から出発した土光は、経営者として成功することになる。はじめは、一九三六（昭和一一）年に石川島造船所と芝浦製作所が合併して石川島芝浦タービンが設立されたときその技術部長となり、敗戦直後、同社の取締役、専務を経て社長に就任、一九五〇（昭和二五）年には親会社の石川島重工業の社長となった。一九六〇（昭和三五）年には、石川島造船所と播磨造船所を合併して石川島播磨重工業を創立して社長に就任し、世界の造船進水量の第一位となった。さらに一九六五（昭和四〇）年には石坂泰三の跡を継いで東芝の社長（のち会長）となった。

社長の土光は政治にも関係した。その一は、一九七四（昭和四九）年に経済団体連合会の第四代会長に就任して三期九年間つとめる間に、田中角栄の政策を支えて中国・ソ連との積極外交に寄与し、特に中国の工業化をサポートした。「行動する経団連」と評されたころの功績である。その二は、それより更に重要な仕事であって、一九七九（昭和五四）年に中曽根康弘に求められて第二次臨時行政調査会の会長として三公社の民営化を答申したことである。今は一千兆円を越えているが、当時の百兆円という政府債務に危機感を抱いた土光は、増税なき財政再建策に取り組んだのである。

直子夫人は、蔵前出身の先輩上司の娘であって、夫妻が食卓を囲み好物のメザシを食している映像がテレビに流れたのはこの頃である。豪邸を建てた大原孫三郎とは逆に、没後取り壊された粗末な家に住み、質素な生活をして、一九八八（昭和六三）年、九一歳の長寿を全うした。自身は質素に、社会は豊かに、というのが彼の信条であった。

土光と教育の関係については、二点のエピソードを紹介してみよう。その一点は、学歴に頓着しなかったことである。彼の語録の中に、「ぼくは学歴なんか問題にしない。一流校を出たからといって、それで世の中に通じると思ったら大間違いだ」「ぼく自身は、大学に行く気なんてまったくなかった。好きな機械をつくっていれば、それでよかったんだ」とある（『土光敏夫信念の言葉』ＰＨＰ研究所、一九八九年）。手島校長も大学昇格にはそれほど熱心ではなかった。すでに帝国大学に工学部があり、東京高等工業はそれとはちがった独自の路線を進めばよい、と考えたからであって、土光のこの発言と符節が合う。ただし、土光の弟の義三郎は京都帝大、長男の陽一郎は東北帝大を卒業しているし、恩師とあがめる石坂泰三は東京帝大の出身であった。彼を支えた技術陣の中には学卒人材が多くいた。土光が嫌悪したのは、学歴そのものではなく、それを偏重することであった。

第二点は、母堂の手がけた女子教育を手助けしたことである。土光の生家は法華経の熱心な信者の一家であり、特に土光の母登美はその信仰心から世のため人のために尽した。学歴は田舎の小学校を終えただけであったが、一九四一（昭和一六）年に女子のための橘学苑を創設した。女丈夫の彼女は七〇歳をすぎていたが、自ら資金集めに奔走し苦労の末に永年の夢を果たした。その間、そしてその後、土光は母の学校に寄付を続け、母亡きあとは校長をつとめた。

仕事人としての土光は、凡庸の中から非凡さを発揮して、技術力と経営力と政治力において稀に見る幅の広い人生を送った。学生時代のタービン開発という一点にかけた集中力と持続力が起点になっていることに注目したい。

土光については、一九八二（昭和五七）年に『日本経済新聞』に連載した「私の履歴書」が重要な資料である。翌年には同社から単行書として刊行されている。寡黙ながらも寸鉄を刺す言葉を残していて、その語録集があり、また第三者の評伝の数も多い。その中の一冊を挙げるとすれば、ノンフィクション作家の山岡淳一郎著『気骨―経営者土光敏夫の闘い』（平凡社、二〇一三年）が、時代の経済や政治とからめて土光の生涯を詳論している。

## 10　商業系学卒の仕事人　出光佐三

渋沢栄一は、自著の中で明治維新を乗り切った商業家の中で、「無学で成功した三大実業家」と称して、三野村利左衛門、古河市兵衛、田中平八の三人の商人の名前を挙げた（『実業訓』成功雑誌社、一九一〇年）。維新期には、サムライとも商人とも区別のつかないマージナルな出身の商業家が活躍したが、その中の三人であった。維新後になっても、伊藤忠商事の伊藤忠兵衛とか大倉商事の大倉喜八郎などは学卒でない。商業系の学卒仕事人は、主として官立の二つの高等商業学校（のち商業大学）から生み出された。そのうち、東京の高等商業は実務的な経済学者の輩出に実績を収め、神戸の高等商業は実務的な商業人を送り出した。その神戸高商の初代校長となったのは水島鉄也であって、神戸高商の水島か、水島の神戸高商かと称されるほどの名校長となった。彼は、国際貿易都市神戸の教育課題を真正面から受けとめ、実践力のある商業家を育てた。その水島の教育的感化を一身に浴びて成功したのが出光佐三である。

出光は、一八八五（明治一八）年に福岡県宗像郡の染物業の家に生まれた。福岡市商業学校から神戸高商に進学し、第三回生として卒業した。商業から高商への進学は恩師水島と同じであった。卒業後二年間、商店の丁稚奉公で現地で修業したあと、門司で出光商会を創業し、それを今日の出光興産にまで育て上げた。出光は、水島を尊敬し、その教えを仕事に生かした。一九六六（昭和四一）年に出光は水島の生誕一〇〇周年記念事業を企画し、『愛庵先生の横顔水島鉄也先生外伝』を刊行した。愛庵会とは神戸高商の同窓会であり、外伝としたのは、一九三九（昭和一四）年に同会から『水島鉄也先生伝』が刊行されていたからである。この外伝に出光は序文を寄せ、「水島先生は愛情によりて人を育つることを身を以て教えられた偉大なる教育者である。家族温情の校風樹立に向って一歩も譲られなかった」と記した。

出光は、自らの事業経営において恩師の愛情主義を実践に移した。彼は何冊もの著書や対談集を出版しているが、筆者が特に注目したいのは、一九六九（昭和四四）年刊行の『働く人の資本主義』という意想外の書名の著書である。その後、その新版も出している。その中で、石油調達を業とする出光は、大戦中軍の命令を受け、台湾、朝鮮、満州、中華民国に出張所を設けて事業を拡張したが、敗戦によって一挙に頓挫して、従業員一千人が帰国した。このとき、出光は全員を受け入れて一人の失業者も出さなかった。自身は乞食になっても構わぬから、こういう危機のときにこそ家族主義を発揮すべきである、と彼は考えた。この書の中には、「日本人のお互いに仲よくする姿は家族制度の中に育《はぐく》まれた」「従業員の福祉の基礎は愛情である」「能率の根本は自発的に自由に働く人の和の力である」「搾取のない経営には労働組合の必要はない」といった小見出しが並ぶ。

書名の働く人の資本主義という言葉も意外である。働く労働者と経営の資本家の利益は対立するという先入観を打破し、出光興産では、共産主義、社会主義、資本主義の中で良いものは取り込むという、イデオロギー抜きの経営戦略をとった。根本には、日本には西洋や他の列強国とはちがって、「和」の精神を発揮するという独自な国体と民族性があると出光は考えた。同社では、人間を尊重し育てるという方針のもとで、解雇も定年制もないと断言する。「自分が働けるかどうか自分で判断する」ことを求めた。採用人事や昇進人事では「学歴」を無視して、よく働く人を取り立てた。この働くということは出光が子どものころから親にたたき込まれた精神である。

出光は儲けた収益を私蔵することなく社会に還元することに努めた。二つの投資がそのことを物語る。

その一つは、美術への投資であって、彼は趣味として書画、陶磁器などの古美術品を集めたが、それを展示する美術館を一九六六（昭和四一）年に東京の丸の内に建て、広く公開した。ついで門司にも美術館を開いた。

他の一つは、教育への投資である。現在の福岡教育大学は、戦前の福岡師範と小倉師範を母体校とするが、両校は派閥争いをしていた。戦後、福岡学芸大学となったとき、福岡と小倉の中間点である、彼の出生地の宗像市に大学を統合移転させて、それまで五校を数えた本校と分校を一体化することに巨額の寄付をした。この大学は、九州を代表する教育大学として発展している。なお、出光は、一九六六（昭和四一）年に中教審が答申した「期待される人間像」の審議に特別委員として参加し、教育への関心を示したこともつけ加えておきたい。彼は戦後の教育を「腰の抜けた教育界」と批判することをはばからなかった。

実業家としての出光は成功した。延三万人の技術者を動員して二〇万トンという世界最大級のタンカーを建造したし、徳山から始まった製油所は、千葉、兵庫、北海道、愛知などに拡張した。石油一筋の仕事人であった。石油の重要性に注目した彼の着想力と、輸入という国際的な行動力と、社内における家族主義の経営力と、美術館開設の文化力など、仕事人としての出光の力量は多々ある。

出光については、本人の著書や第三者の手による伝記や評論など多い。著書としては、『人間尊重五十年』（春秋社、一九六二年)、『マルクスが日本に生まれていたら』(春秋社、一九六九年)、『働く人の資本主義』(春秋社、一九六八年)、伝記としては、木本正次『出光佐三語録—気骨の経営者』(PHP研究所、一九八三年)などを参看した。

## 11　補論の補遺—一〇人の仕事人の共通点

この世には、無数の仕事人が出現したし、現在も存在する。そのことを認識したうえで、この補論では、たまたま筆者の視界に入った一〇人を選んでみた。前述した山根八洲男は、ものづくりに必要な能力を六点挙げた。理論力、経験力、創造力、俯観力、判断力、行動力である。できることなら、この一〇人に共通する仕事力をまとめてみようと考えたが、一〇人のそれぞれにちがいがあって、困難であることが分かったので、ごく大まかな共通点を探し出してみたところ、「学ぶ力」「創る力」「貫く力」の三点が重要でないかと思い至った。

**「学ぶ力」**　学ぶ場としては学校が第一義的に重要であるが、それに継続して生涯にわたり学ぶことも同様に重要である。大蔵永常は、先進農業の実地を学ぶとともに蘭学にも関心を示したし、田中久重は、より本格的に蘭学者に学ぶとともにオランダ軍艦の実物を見学した。渋沢栄一は、農村知識人から漢学を学びフランス出張に際して西洋の商業事情を学んだ。ダイアーは、工場で技術を学んだあとグラスゴー大学で当時の第一流の学理を学んだ。手島精一は、数次にわたる万国博への出張により世界の最先端の工業事情を学び、保良せきは、アメリカに留学して大学や病院で看護の理論と方法を学んだ。大原孫三郎は、大学を中退したけれども将来性のある若手研究者を支援したり一流名士に講演を依頼したりする中で間接的な学習をした。横井時敬と土光敏夫と出光佐三は学卒人材であって、学校で理論やその応用法を学んだが、中でも出光は恩師の教えを忠実に実践に移した。

今日の学校教育は、ともすれば「学力」「知力」「学歴」に重きを置くきらいがあるが、この一〇人の学びはもっと幅の広いものであって、生涯にわたり継続するという意味で、学習歴社会への転換のヒントを宿している。

**「創る力」** 大蔵は、農業の啓蒙書を創り、田中は、時計から蒸気船などの機械を創り、ダイアーは、世界のトップレベルの学校を創り、手島は、日本の工業教育の範例を創り、保良は、看護の組織を創り、大原は地域文化を創り、横井は、農業教育の理論を創り、土光は、工業の企業を、出光は商業の企業を創った。「創」には、創立、創始、創業など、はじめて創るという意味があり、一〇人はそれぞれの分野の創業の仕事人であった。

**「貫く力」** 大蔵は、農書執筆の仕事を貫き、田中は、カラクリ細工から時計を経て蒸気船というモノづくりの仕事を貫き、渋沢は、自称商売人になると宣言して以降日本資本主義の最高指導者としての仕事を貫き、ダイアーは、滞日一〇年間にエンジニア教育の仕事をして帰国後もその仕事を貫き、手島は、高等工業学校の経営とその下方への拡張による日本の工業教育という大きな森の建設の仕事を貫き、保良は、看護職の専門性を向上させる仕事を貫き、大原は、地域に根をおろし産業と文化と教育を振興させる仕事を貫き、横井は、農学の研究と教育の仕事を貫き、土光は、タービンの技術開発と企業化の仕事を貫き、出光は、石油産業の企業化の仕事を貫いて、各人それぞれ成功した。生涯一業に徹し、よき人生とよき仕事は不可分の関係にあった。

# あとがき

いささか私事にわたることにもなるが、最後に、二点だけ今の思いを記してみたい。

第一点は、「私の万時簿」との関係である。筆者は、一九九六（平成八）年に、広島大学を定年退職するに際して、講座の大学院生の参考になれかしと考えて特別講義をなし、そのメモに関連資料を追加して『私の万時簿―広島大学最終講義』（風間書房）を刊行した。この書は、地元の『中国新聞』にも紹介され、「自己点検・評価のありよう、学問の継承発展の体験、国際・地域・産業という新視点からの教育史研究が語られ、示唆に富む」（一九九六年二月一八日付）と、好意的に受けとめて頂いた。

「万時簿」とは筆者の造語であるが、それには元種がある。筆者の生まれた豊後国日田（大分県日田市）で、咸宜園と称する江戸期最大の漢学塾を開いた広瀬淡窓が、「万善簿」と称する実践記録を残していたことがヒントになった。私の万時簿は、誰にもできるごく簡単な日記であって、講義や会議などの職務上のことは除き、自分の研究という仕事に使った時間数を毎日記録するだけのものである。一〇年ごとに薄冊にしていて、三〇歳代から八〇歳までの薄書は六冊になった。時間数を、月ごと、年ごとに計算していて、今では総時間は九万時を越えた。

筆者は、同書の末尾に次のような一文を加えた。「この講義は、私の万時簿の中間報告と言えよう。もし、『続私の万時簿』をお話できる日があれば、もう少し成果らしいものを挙げることができるであろう。その時の副題は『学問の人生史』にしたいと今から楽しみにしている」と。本書が、「学問の人生」と呼べるだけの「成果」となっているかどうか心許ないけれども、ここまでにしか辿り着けなかったのだから仕方がない。

中国の古語にいう「千里の馬」ではなく、「千里の牛」の歩みを続けてきた筆者は、一区切りついた所で休み、小さな一里塚として一書をまとめてきた。編著・共著・訳書を除く単書の数は、以下に掲出する「単著一覧」のとおりである。この一覧のほかに、元駐日大使コッタッチー卿のすすめでイギリスから出版した二件がある。その一書は、ヘンリー・ダイアーの著作集 *The Collected Writing of Henry Dyer* 全五巻であり、他の一書は、ダイアーの伝記 *Henry Dyer: Pioneer of Engineering Education in Japan* であって、後者の英訳は門下の皿田琢司夫妻に手伝って貰った。

「単著一覧」

1『イギリス公教育の歴史的構造』亜紀書房、一九六八年☆
2『教師教育の成立と発展―アメリカ教師教育制度史論』東洋館出版社、一九七二年☆
3『イギリス労働党公教育政策史』亜紀書房、一九七四年☆
4『日本工業教育成立史の研究―近代日本の工業化と教育』風間書房、一九七九年☆　増補版、二〇一二年
5『日本農業教育成立史の研究―日本農業の近代化と教育』風間書房、一九八二年☆　増補版、二〇一二年
6『明治のエンジニア教育―日本とイギリスのちがい』中央公論社（中公新書）、一九八三年
7『日本商業教育成立史の研究―日本商業の近代化と教育』風間書房、一九八五年☆　増補版、二〇一二年
8『日本教育の開国―外国教師と近代日本』福村出版、一九八六年

9 『商売往来の世界―日本型「商人」の原像をさぐる』日本放送出版協会（NHKブックス）、一九八七年
10 『ダイアーの日本』異文化接触と日本の教育③、福村出版、一九八九年
11 『日本師範教育史の構造―地域実態史からの解析』東洋館出版社、一九九一年☆
12 『近代日本産業啓蒙書の研究―日本産業啓蒙史上巻』風間書房、一九九二年☆
13 『近代日本産業啓蒙家の研究―日本産業啓蒙史下巻』風間書房、一九九五年☆
14 『私の万時簿―広島大学最終講義』風間書房、一九九六年
15 『手島精一と日本工業教育発達史―産業教育人物史研究Ⅰ』風間書房、一九九九年☆
16 『日本の女性と産業教育―近代産業社会における女性の役割』東信堂、二〇〇〇年
17 『横井時敬と日本農業教育発達史―産業教育人物史研究Ⅱ』風間書房、二〇〇〇年
18 『渋沢栄一と日本商業教育発達史―産業教育人物史研究Ⅲ』風間書房、二〇〇一年
19 『日本工業教育発達史の研究』風間書房、二〇〇五年☆
20 『日本農業教育発達史の研究』風間書房、二〇一二年
21 『日本商業教育発達史の研究』風間書房、二〇一二年
22 『日本女子産業教育史の研究』風間書房、二〇一二年
23 『産業教育地域実態史の研究』風間書房、二〇一二年
24 『納富介次郎』佐賀偉人伝10、佐賀城本丸歴史館、二〇一三年
25 『日本の産業教育―歴史からの展望』名古屋大学出版会、二〇一六年
26 『愛知の産業教育―産業立県の教育モデル』風媒社、二〇一八年
27 『現代に生きる大蔵永常―農書にみる実践哲学』農山漁村文化協会、二〇一八年
28 『産業教育学―産業界と教育界の架け橋』風間書房、二〇二〇年

29『手島精一―渋沢栄一が敬愛した日本の名校長』青簡舎、二〇二二年

本書では、引用文献は文中に（　）して挿記したが、拙著からの引用は省略したので、この一覧は参考文献の意味もある。なお、☆印は文部省の学術出版助成図書である。

第二点は、「私と風間書房」の関係である。筆者は、大学院を出て県外の国立と公立の大学に勤務したあと、四〇歳をすぎて広島大学の井上久雄教授の下で日本教育史を担当することになった。井上先生は、すでに風間書房から『学制論考』と題する大部の名著を刊行していた。風間書房の創業者風間歳次郎氏と茶を喫するとき、学術書出版にかける熱い決意を感じた、という趣旨のことを話された。先生はその後も『近代日本教育法の成立』と題する一千ページの大著を発刊し、日本の近代学制が成立し、確立する政治過程を解明した。先生の落穂ひとつ残さぬ徹底した考証には絶句しかないが、少しでもあやかってみたいと考えて、産業教育史の処女作の刊行は風間書房にお願いした。そのときの社長は、第二代の風間務氏になっていた。

その後も、筆者の風間書房からの出版書は、数だけは増えて、本書を含めて三〇件の単著のうちの半数は同社からの刊行となった。その中でも特に有難かったのは、二〇一二（平成二四）年に、同社の創業八〇周年の記念事業の一環として、「産業教育史学研究」全一三巻をまとめて刊行して頂いたことである。この事業は、第三代の風間敬子社長のご好意とご決断によるものである。三代にわたる風間書房の寛容な編集方針に敬意を表する。

出版界における風間書房の貢献は、筆者のような老骨に対してだけでなく、若い研究者に対する恩恵もまた著大であると思う。学位論文のうち、文部科学省（現在は日本学術振興会）による学術出版助成図書に選定されれば、ほぼ無

条件で出版して下さることである。そのことは、地方の大学院修了者の学界への登龍の機会を与えているからである。筆者が学位論文の主査をつとめた者のうち、湯川嘉津美、橋本昭彦、橋本美保、飯田史也、平田諭治、畑中理恵の諸氏の学位論文の出版は風間書房であり、また最近における船寄俊雄氏の大著も、平田諭治氏の単著第二弾も同社の出版である。

筆者の書斎には、筆者の愛してやまない東山魁夷画伯の名画「道」のレプリカを掲出している。日々、これを仰ぎ見ながら、筆者はこれよりもっと細い道を歩いてきたが、未だに行き着く先は見えない。しかし、高齢になったのでここらで歩みをとめざるを得ないと思い、本書を書き下ろしてみた。東山画伯の描く世界には、何か深い精神性が秘められているように感ずる一人であるので、許可を得て画伯の「風渡る丘」「秋翳」と共に本書の挿絵に使わせて貰った。

本書の出版は、これまでの道程で一里塚を築くに力を貸して下さった風間書房にお願いすることにした。風間敬子社長および同社の諸兄姉、特に斉藤宗親編集長に、厚くお礼を申し述べる。

二〇二三年　万緑のころ……
卒寿のいま……

著者しるす

# 人名索引

## あ行



## か行

## さ行



## た行

## 著者紹介

三好信浩（みよし　のぶひろ）
1932 年　大分県に生まれる
　　　　広島大学大学院修了　教育学博士
　　　　茨城大学助教授　大阪市立大学助教授　広島大学教授
　　　　甲南女子大学教授　比治山大学学長を経て
現　在　広島大学・比治山大学名誉教授
単　著　あとがきの「単著一覧」に掲出

教育観の転換
―よき仕事人を育てる―

二〇二三年八月一八日　初版第一刷発行

著　者　三　好　信　浩
発行者　風　間　敬　子

発行所　株式会社　風　間　書　房
101-0051 東京都千代田区神田神保町一―三四
電　話　〇三―三二九一―五七二九
ＦＡＸ　〇三―三二九一―五七五七
振　替　〇〇一一〇―五―一八五三

印刷　藤原印刷
製本　高地製本所

©2023　Nobuhiro Miyoshi　　NDC 分類：370
ISBN978-4-7599-2477-0